JN236132

ローカル・ガバメントと
ローカル・ガバナンス

山本 啓 編

Local
Government
and
Local
Governance

法政大学出版局

序

本書のねらい

「ガバナンス」ということばが使われはじめたのは，1980年代から1990年代にかけてである。

戦後一貫してパターナリズム（父権主義，温情主義）にもとづいて手厚い保護を行ってきたイギリスの福祉国家においては，公共サービスは，もっぱら公共セクター（行政）が担うものだとされてきた。ところが，国家社会主義とまでいわれてきたイギリス型福祉国家をこれ以上保ちつづけることができないと判断したサッチャー政権が，1980年代はじめから半ばにかけて，まずくさびを打ち込み，公共セクターが運営していた公営企業の大規模な民営化に着手した。このサッチャーの市場原理主義が，アメリカに波及してレーガノミックスをもたらし，日本に波及して中曽根行革によるJR，NTT，JTなどの民営化を誘っていった。さらに，イギリスでは，1990年代に入って，メージャー政権が，サッチャーの市場原理主義に部分的な変更をくわえ，たとえば公共セクター改革の一環として，PFI事業に強制競争入札（CCT）制度を導入し，「顧客志向」（CS）をかかげるなど，公共サービスのあり方や提供主体について大幅な見直しを行った。このあたりから，「ガバナンス」ということばが本格的に使われはじめるようになったといえる。メージャーのネオ保守主義によって，それまで公共セクターのハイアラキー内部において完結していた公共サービスの提供は，本格的に外部化の波にさらされることになった。同時に，メージャー政権は，PFI事業の導入など，民間セクター（営利）を巻き込むかたちで公共サービスのあり方を大きく転換させ，公共セクター改革を裏づける理論と手法として，「新公共マネジメント」（NPM）を採用した。こうした時代背景のなかで，「ガバメントからガバナンスへ」というキャッチフレーズが登場するわけである。

この「ガバメントからガバナンスへ」というキャッチフレーズは，「国家

の空洞化」(hollowing out of the state) ということばとパラレルに用いられた。「国家の空洞化」は，国境を越えたグローバルな，あるいはトランスナショナルなレベルの機関や協議体，たとえばEUなどに，国民国家のガバメント（政府）の権限の一部を移譲する「上方分権化」を意味する。それと同時に，国民国家の内部においても，中央政府の権限の一部を地方政府に移譲する「下方分権化」を意味することばとして，この「国家の空洞化」ということばが使われはじめたのである。実際，イギリスでは，1990年代後半に入って，中道左派のブレア政権が登場すると，公民パートナーシップ（PPP）を導入するとともに，地方分権化が本格的に開始された。

　日本では，「ガバメントからガバナンスへ」というキャッチフレーズが，1990年代後半に入って使われはじめたが，それは「政府から共治・協治へ」といったかなり短絡的な意味合いにおいてだった。だが，そうではなく，ガバメント（政府）はあくまでも公共セクターとして公共サービスと行政サービスを提供するガバニング（統治という行為）を行い，そのかぎりにおいてガバメント（政府）でありつづけるのである。その際の，ガバニング（統治という行為）の進捗の状況，様態，プロセスのことをガバナンス（統治）と表現するのである。一方，公共セクター以外の民間セクター（営利，非営利）も，直接的に，あるいは間接的に，公共サービスや社会サービスを提供するガバニング（統治という行為）に関与する点で，ガバナンスに関わるアクター（行為主体）の一員にくわえられるのである。

　その結果，公共セクターと民間セクター（営利，非営利）とのあいだで，公共サービスの提供というガバニングをともに分担するという水平的な関係性が成立し，公共サービスの提供主体，すなわちアクターとしてともに公共空間を共有することになるわけである。このように，公共セクターと民間セクター（営利，非営利）が，公共サービスを提供するというおなじ役割を果たすガバニングの様態を，ガバナンス（統治）と呼んでいいわけなのである。また，公共サービスを提供する際に，公共セクターも，民間セクター（営利，非営利）も，互いに協働し，連携しあわなければアウトカム（成果）をもたらすことができないから，公民パートナーシップ（PPP）が必要なのである。そして，3つのセクターが公共サービスを提供するガバニング（統治という

行為）が，公共空間において三つのセクターの活動が互いにオーバーラップするという意味において，「コー・ガバナンス」（共治・協治）が成立しているといえるのである。

　もちろん，日本でも，中央政府だろうと，地方政府だろうと，公共セクターだけが公共性ないしは公共圏の担い手であるという発想が，これまではなんの疑問の余地もなく受け入れられてきた。そして，現在でも，あいかわらず中央と地方の政府間関係という垂直的な分権化だけがクローズ・アップされ，「平成の大合併」を推進するにあたってあれほど論議の対象とされた，地域住民や市民がその一翼を担う地域自治区や地域協議会の機能強化といった問題はすでに脇に押しやられてしまっている感がある。

　垂直的な権力関係を下支えしてきた基礎自治体（市町村）の合併が一巡し，それにつづいて財源の分権化という課題がクローズ・アップされているいま，ガバメント（政府）とガバナンス（統治）という概念と関係性を，主としてローカルなレベルにおける関係性の構造転換という視点から考えなおしてみようというのが，本書のねらいである。本書を通読していただければ，「ガバメントからガバナンスへ」は，公共セクターと民間セクター（営利，非営利）との協働・連携としての「コー・ガバナンス」（共治・協治）への構造転換を意味するものであり，公共サービスの提供主体の構造転換という問題が，日本においても本格的に取り組まなければならない大きな課題のひとつであることがおわかりいただけるはずである。

本書の構成

　第1章の山本啓「ローカル・ガバメントと公民パートナーシップ（PPP）——ガバメントとガバナンスの相補性」は，ガバメント（政府）とガバナンス（統治）というふたつの概念を相補的なものにしていくうえで，PPPという広義のパートナーシップの概念が役立つということ，そして，ガバメントによるガバニング（統治という行為）を部分的に企業やNPOなど民間セクターにゆだね，「コー・ガバナンス」（共治・協治）をかたちづくっていく必要があるということを強調している。さらに，アメリカのクリントン政権か

らイギリスのブレア政権に政策移転が行われた「福祉から労働へ」(welfare to work) という「ワークフェア」(workfare: 労働奨励福祉) 政策をふくめて，小さな政府の枠組みが規制緩和と再規制のくりかえしとして存在しており，PFI 事業をふくむ PPP がその包括的な枠組みとして機能していることを，アメリカ，イギリス，日本の事例をあげながら論じている。とくに，イギリスの「地域開発エージェンシー」(LDE) や「地域戦略パートナーシップ」(LSP)，アメリカの「地域開発法人」(CDC) や「地域経済開発」(CED) などが先導者の役割を果たすスキームに注目し，さらにジェリー・ストーカーの「ネットワーク化されたコミュニティ・ガバナンス」の試みが挫折したことをふまえて，公共セクター，民間営利セクター，民間非営利セクターのあいだの「プリンシパル－エージェント関係」を相互補完関係に転換する「コー・ガバナンス」の実現が，日本においても望まれるという結論を導きだしている。

　第 2 章の松田憲忠「市民参加の可能性とガバナンス」は，市民のニーズが政府の政策に十分に反映されず，市民のニーズからの政策の乖離が政府にたいする信頼を低下させ，ガバナンスにおけるガバメントの相対化をもたらすのだから，市民の政策策定への関与に注目があつまるならば，政策策定者の行動が変容し，市民の利益に反する行動はとりにくくなると説いている。しかしながら，市民参加の参加適格性，フリーライダー (ただ乗り) 問題をもたらす参加コストの格差，市民のガバナビリティ (統治能力) の限界，意思決定ルールの不備，拒否点の増加を考えあわせるならば，政策策定への市民参加が政策策定を改善する十分条件にはなりえず，政策策定の改善についての規範的な議論，市民のガバナビリティの向上，市民参加にともなう多様なアクター間の相互作用についての考察がなおいっそう必要であると結論づける。

　第 3 章の岡本三彦「ローカル・ガバナンスと意思決定への参加——住民自治と住民投票」は，首長，議員，自治体職員という利害関係者による間接民主制の意思決定の不備を補うためは，住民という利害関係者の意思決定への

参加が望まれることを強調し，住民の多くが意思決定に参加できる直接民主制の事例を住民投票に求めていく。岡本は，スイスをはじめ諸外国の住民投票の制度と比較した場合，個別型，常設型のいずれにしろ，日本の住民投票条例による制度化にみられるのは，国民投票や住民投票ということばを用いはするものの，「上から」発議されるプレビシット（plebiscite）にとどまっており，「下から」住民によって発議されるレファレンダム（referendum）とはいえないとする。そのうえで，これまでもっぱら首長と議会とのあいだで行われてきた意思決定に，住民がチェックを入れていく制度としての住民投票の意義が大きいことを強調している。

第4章の南島和久「リスク・ガバナンスと自治体——北海道交雑防止条例をめぐる考察」は，ウルリヒ・ベックのリスク概念を検討したうえで，科学者などの政策エリートに限定したリスク・ガバナンスではなく，社会全体の規範性をふまえたリスク・ガバナンスが必要であることを力説している。南島は，遺伝子組み換え食品を規制する「カルタヘナ法」に拒否点を設定し，独法・北海道農業研究センターの遺伝子組み換えイネ栽培実験に起因する，「北海道食の安全・安心条例」の条例制定過程の事例をフォローしながら，北海道の主導によって，食の安全をめぐる「経済利益対消費者」という政治的な対立構図ではなく，遺伝子組み換え食品の実験栽培の可否という科学のレベルに規制水準を引き上げ，「コンセンサス会議」を実施するなど，「科学対市民」の構図に引き込んでいったことを評価する。さいごに，自治体が市民の側からする戦略拠点となりうることを，北海道の事例が証明した点を強調して結論としている。

第5章の西山慶司「独立行政法人制度とガバナンス——独立行政法人評価の観点から」は，イギリスのエージェンシーと日本の独立行政法人化が異なったものであることを強調したうえで，国民生活や社会経済の安定化に寄与するが，民間にゆだねるべきものではなく，また国みずからが実施すべきものではない国の事務・事業を行うのが，独立行政法人であるという定義づけを提示する。そのうえで，独法化による公共サービスの外部化，独法の評価

への多様なアクターの関与によって統制主体の多元化・重層化が実現し，NPM手法の導入によって，独法にたいする統制が事前統制から事後統制に変化したはずであるにもかかわらず，独法の見直しや評価への政治関与が強まっているために混乱を招いてしまい，小さな政府の実現をめざす行政改革の一環としての独法化の促進と，事前統制から事後統制へのスムースな移行を阻害していることを強調している。

第6章の坂口正治「ローカル・ガバナンスと自治体内分権」は，地方分権改革推進法が自治体の自己決定と自己責任によって行政運営が行われるべきであるという理念をかかげながらも，いまだ実現されていない点を強調する。そして，ローカル・ガバナンスの概念をふまえたうえで，中央省庁と自治体による寡占状態，さらに中央省庁の指揮監督に自治体行政がしたがう関係から，他の主体，とりわけ地域自治組織が関与する関係への変化が生じつつあることに注目し，公共領域における自治体行政の権限を地域自治組織に分与する「自治体内分権」の可能性をさぐっている。その先進事例として，三重県伊賀市と新潟県上越市とを比較しながら，ローカル・ガバナンスとしての協働の基盤となる地域自治区の地域協議会に，関与権（審議権，建議権，意見具申権）以外の同意権や決定権を付与するものになりえているかについて考察を行っている。

第7章の藤本吉則「電子自治体とローカル・ガバナンス」は，ICT（情報通信技術）が果たす役割をめぐって，NPMのPDCAサイクルを踏襲しながら，ローカル・ガバメント（地方政府）と地域住民との協働や住民参画の促進が重要であり，そのためには，地方政府による地域住民にたいする情報提供，情報の開示が不可欠の要素であることを強調する。こうした電子自治体の進捗状況をふまえたうえで，情報伝達の通信面では，スピードの向上と幅広い活用が実現されつつあるものの，情報価値の蓄積面では，データの規格化，データの保存，公開システムの体制が不備であるために，政策過程への貢献度はまだ低いことを認めざるをえないが，今後のシステム間の連携整備によっては，ローカル・ガバナンスのあり方を左右する基盤になりうる可能

性を秘めていることを明らかにしている．

　第8章の堀田学「少子高齢社会の福祉政策──地方分権とローカル・ガバナンス」は，福祉多元主義の理論，とくに福祉ミックス論と福祉社会論をめぐる諸論者の論点を整理したうえで，福祉国家の危機を回避し，福祉のソーシャル・ガバナンスを促進していくことが大切であることを強調している．そのためには，地域住民の生活機能の相互補完をおこなっていく地域コミュニティの再生が不可欠の条件であることを，東京都新宿区の事例をあげて実証している．そのうえで，これまでの福祉システムの中心が，中央，地方を問わず，ガバメントのレベルにとどまっていたが，これからは，ローカル・ガバナンス論が強調する「参加」や「参画」，「協働」といった要素を組み入れた，公共セクター，営利セクター，インフォーマル・セクターという福祉サービス提供主体のベスト・ミックスによる福祉システムの形成が中心となっていかなければならないと結論づけている．

　最後に，本書の出版にあたって，前編集長の平川俊彦氏，現編集長の秋田公士氏，編集部の藤田信行氏には，一方ならぬお世話になった．末尾ながら，感謝を申し上げる次第である．

　2007年晩秋　残照に映える紅葉の青葉山キャンパスにて

山本　啓

目　次

序 ……………………………………………………………………… vii

第 1 章　ローカル・ガバナンスと公民パートナーシップ
　　　　　ガバメントとガバナンスの相補性 ……………… 山　本　　啓　1

1　ガバメントとガバナンス ……………………………………… 1
2　「小さな政府」と PPP への変換 ……………………………… 6
3　PPP とコミュニティ・ガバナンス …………………………… 15
4　ニュー・ローカリズムとローカル・ガバナンス …………… 25
5　むすびにかえて ………………………………………………… 32

第 2 章　市民参加の可能性とガバナンス ………… 松　田　憲　忠　35

1　市民参加とガバナンス──今日なぜ市民参加が注目されているのか ……35
2　市民参加と市民 ………………………………………………… 36
3　市民参加と決定 ………………………………………………… 42
4　市民参加の可能性──市民参加の推進にはどのような議論が必要か …… 48

第 3 章　ローカル・ガバナンスと意思決定への参加
　　　　　住民自治と住民投票 ……………………………… 岡　本　三　彦　53

1　ガバナンスと意思決定への参加 ……………………………… 53
2　日本における直接民主制──直接民主制をめぐる日本の現状 ……… 54
3　スイスにおける直接民主制 …………………………………… 61
4　住民投票の可能性と課題 ……………………………………… 69
5　むすびにかえて──住民投票の新たな段階に向けて ……………72

第 4 章　リスク・ガバナンスと自治体
　　　　　北海道交雑防止条例をめぐる考察 ……………… 南島　和久　73
　1　はじめに……………………………………………………………73
　2　リスク・ガバナンスの実践的課題………………………………74
　3　日本の食品安全政策………………………………………………77
　4　政策実施の現実と実際……………………………………………80
　5　条例の特徴とその後の展開………………………………………84
　6　むすびにかえて……………………………………………………87

第 5 章　独立行政法人制度とガバナンス
　　　　　独立行政法人評価の観点から ……………………… 西山　慶司　89
　1　公共サービスの外部化と独立行政法人制度……………………89
　2　独立行政法人評価の動向と政府の関与…………………………95
　3　独立行政法人評価とガバナンス…………………………………99
　4　むすびにかえて………………………………………………… 103

第 6 章　ローカル・ガバナンスと自治体内分権… 坂口　正治　105
　1　はじめに………………………………………………………… 105
　2　ローカル・ガバナンス，地域自治組織，自治体内分権…… 106
　3　伊賀市・上越市における制度………………………………… 113
　4　制度の運用による課題………………………………………… 118
　5　おわりに………………………………………………………… 123

第 7 章　電子自治体とローカル・ガバナンス…… 藤本　吉則　125
　1　ローカル・ガバナンスと情報………………………………… 125
　2　政策プロセスと情報…………………………………………… 130
　3　電子自治体への取り組み……………………………………… 135

4　ローカル・ガバナンスのために ICT が果たす役割 ……………… 139

第 8 章　少子高齢社会の福祉政策
　　　　　　地方分権とローカル・ガバナンス ……… 堀田　学　145

1　はじめに ………………………………………………………………… 145
2　福祉多元主義とローカル・ガバナンス ……………………………… 146
3　地方分権と福祉政策——団体事務化からの地方分権へ …………… 153
4　自治体における協働・連携施策の展開 ……………………………… 157
5　おわりに ………………………………………………………………… 160

引用文献 ……………………………………………………………………… 163

第1章 ローカル・ガバナンスと公民パートナーシップ
ガバメントとガバナンスの相補性

山 本　啓

1　ガバメントとガバナンス

かじ取りとこぎ手，公共サービスつ行政サービス

　第1章では，「ガバメントからガバナンスへ」というナラティブ，すなわちガバメントとガバナンスという対抗概念を架橋し，相補的なものにしていくうえで大きな役割を果たす公民パートナーシップ（PPP）について，ガバナンスの視点から考えていくことにしたい。

　まず，ことのはじまりは，公共サービスの提供をめぐって，だれがかじ取りを行い（steering），だれがこぎ手となる（rowing）のかという役割分担の問題だった。けれども，ほんのちょっと考えてみただけでも，ことはそんなに簡単に解決できるような問題ではないことがはっきりしてきた。

　そして，それぞれの国民国家の中心をなしてきた官僚制にもとづく中央政府と，おなじく地方自治体の官僚制にもとづく地方政府とのあいだの政府間関係においては，どちらがかじ取りの役割を果たし，どちらがこぎ手の役割を果たすのかということが，大きな壁になることがわかってきた。中央政府がつねに上位に位置し，地方政府はつねに中央政府の下部組織であるというかつての常識で割り切ることに対して，疑問が投げかけられはじめたわけである。この問題は，分権改革という壁，すなわち権限の分与という所掌の分権化だけではなく，じつは公共サービスの提供などマネジメントを行うための原資となる財源の分権化をどうするのか，いま日本の分権改革においてもっとも大きな難題になっている問題をつきつけることになった。

　さらに，中央政府，地方政府を問わず，行政サービスの提供主体が提供するものが公共サービスである，そんなことは考えるまでもないではないかと

いうかつての常識が，じつは常識ではないということがわかってきた。すなわち，公共性ないしは公共圏を担うのはなにも中央政府や地方政府の行政だけでなくともいいのではないかという考え方がでてきたのである。そして，行政サービス＝公共サービスという単純なとらえ方ではまずいのではないかという考え方がでてくるにおよんで，行政サービスというセット（集合）が，公共サービスというセットとイコールであると考えるのではなく，公共サービスというセットに行政サービスというセットのほうが内包されているのではないかという考え方に変化しはじめた。つまり，公共性ないしは公共圏をめぐる考え方に，はっきりとした転換がもたらされるようになったのである。日本の中央政府も，急ごしらえで「新しい公共空間」などといったことばを使いはじめることになった。

　こうして，電気やガス，電車やバス，はては教育にいたるまで，行政ではなく，民間が提供している度合いが大きいのではないかという，じつは何十年もまえから存在していた現状を追認する考え方が大きなウェイトを占めるようになった。そして，もっぱら営利を目的とする民間セクターである企業はもちろんのこと，もともとは利益をあげることを目的としない民間セクターであるNPO（非営利組織）やNGO（非政府組織），さらにはコミュニティ組織（CBO: community-based organizations）も，公共サービスの提供主体である，あるいは公共サービスの提供主体でありうるという常識が定着しはじめた。もちろん，NPOやコミュニティ組織が，在宅介護などの福祉サービスの分野をのぞけば，企業などと対等にわたりあえる力量をそなえた公共サービスの提供主体にはなりえてないということも，現在のところ常識として定着している。

　ともあれ，ガバメント（政府）＝公共セクターと，企業＝民間営利セクター，それにNPOやコミュニティ組織＝民間非営利セクターが，力量の差こそあれ，ともに公共サービスの提供主体である，あるいは公共サービスの提供主体でありうるという常識が定着すると同時に，こんどはかじ取りとこぎ手の役割をはっきりと区別してかかるべきではないのかという考え方がでてきた。このように，かじ取りとこぎ手の役割をはっきりと区別するべきではないのかという考え方が登場するにおよんで，ガバメント（政府）をめぐる

議論に，ガバナンス（統治）という花が一挙に咲きみだれることになった。

ガバメントの再発見とガバナンスという枠組み

いうまでもなく，ガバメントは，政府という統治組織，あるいはそのハイアラキーという制度そのものを意味している。いっぽう，ガバナンスは，ガバニング（governing, 統治という行為），すなわち統治を行う過程，あるいは統治に関わる過程，そのプロセスにおけるさまざまな様態を意味している。したがって，ガバナンスは，ガバメント（政府）という公共セクターが行うガバニングだけではなく，企業やNPOなどの民間セクターが，かじ取りについてだろうが，こぎ手としてだろうが，政策過程（政策形成，政策遂行）に関わってくる場合の，プロセスにおけるさまざまな様態やその枠組みをさす概念である。

その点からすると，ガバニングに関わる人びとや集団のグルーピングという意味で，「ガバナンスの組織化」とか，「ガバナンスの枠組み」という表現はありうるが，「ガバナンスの制度化」という表現はない。「ガバナンス・システム」という言い方もよくみかけられるが，それも「ガバナンスの枠組み」という意味での使い方である。たとえば，2005年4月に地方自治法と合併特例法の改正・施行が行われ，「地域自治区」と「地域自治組織」（地域協議会と長）ができたが，これは，地方政府の下部組織に組み込まれたガバメントである。そのなかの地域協議会において，地域住民や市民が会議を行い，地域活動を行う様態のことを，ローカル・ガバナンス，さらに，それに内包されるコミュニティ・ガバナンスと呼ぶことができるのである。

ところで，かじ取りの役割とこぎ手の役割をはっきりと区別してかかるべきだという考え方がでてきたのは，1990年代のはじめ，日本ではバブル経済が破綻し，平成大不況による「空白の10年」がはじまったちょうどそのころのことだった。このふたつをはっきりと区別してかかるべきだという考え方が定着していくうえで，アメリカでベスト・セラーになったオズボーンとゲーブラーの『ガバメントの再発見：企業家精神が公共セクターをどのように転換しつつあるのか』が大きな影響をあたえたのはいうまでもない（Osborne and Gaebler, 1992）。オズボーン自身も，クリントン政権下でアドバ

イザーをつとめた。けれども，日本では，この画期的な著書が『行政革命』などというまったく平凡なタイトルで翻訳されたために，一部の専門家以外はほとんど注目されなかったのはまことに残念なことである。

　そして，ガバメントという統治制度をめぐるセットからガバナンスという統治過程や政策過程をめぐるセットが概念として切り離されて，制度やシステムはもちろん大切だが，プロセスも大切にすべきではないか，さらには，プロセスのほうがむしろ大切なのではないかという考え方がでてきた。これが，ここ10年ほどのあいだによく耳にするようになった「ガバメントからガバナンスへ」という物語のはじまりだった。たとえば，マンチェスター大学のジェリー・ストーカーは，地方政府の財政問題をめぐって，「われわれは，伝統的なローカル・ガバメントから『ガバナンス』というより広い領域に足を踏み入れてしまっている」と象徴的な発言をしている (Stoker, 2001: 8)。

　この「ガバメントからガバナンスへ」というナラティブの場合には，かつて1980年代から1990年代のはじめにかけてかまびすしく語られた「大きな物語から小さな物語へ」というポスト・モダニズムのナラティブとはぎゃくに，むしろ「小さな物語から大きな物語へ」という方向性を示しているといっていいだろう。なぜならば，ガバニング（統治という行為）を行う主体とプロセスという意味からすれば，ガバメントは，ガバナンスというセットの一部分として内包されるものだからである。

　これにくわえて，もうひとつのナラティブがある。それは，「ガバメントからガバナンスへ」というナラティブが，「ガバメントではなく，ガバナンスを」というオルタナティブを意味してはいないということである。ガバメントは，あくまでもガバメントとしてかじ取りの役割を担い，ガバニングを行う統治主体でありつづけていいわけである。しかしながら，ガバニングというプロセスに関しては，部分的には企業やNPOといった民間セクターにまかせて，お互いのあいだでコー・ガバナンス（共治・協治）をかたちづくっていけばいいのではないかという発想の転換がもたらされはじめたのである。

　そして，ガバメントが果たすかじ取りの役割についても，もっぱら行政の専権に属するというステレオタイプに固執するのではなく，地域内分権というサブ・ポリティクスのレベルにおいては，かじ取りそのものを民間セクタ

ーである非政府組織にゆだねるというコー・ガバナンスの発展形態をきちんと組み込んでいくことを考えあわせなければならないのである。

上方・下方分権化とネットワーク・ガバニング

また，EUのように，それぞれの国民国家の上方にアッパー・システムがかたちづくられている場合には，ぎゃくに，EU委員会や欧州議会に各国民国家の権限が上方へと分権化され，「国家の空洞化」(hollowing out of the state) がもたらされて，いわば「アッパー・ポリティクス」という現象がみられることになる。ドイツのボッフム大学のトーマス・ポグントケのグループがさかんにいいはじめているEU各国首相の「大統領化」(presidentialization) とコア・センターの「空洞化」という現象は，各国民国家の権限が上方分権化されていく現れであり，これもまた彼らが強調する「ヨーロッパ化」(Europeanization) の反照なのである (Poguntke and Webb, 2007; Carter, Luther and Poguntke, 2007; Heywood, Jones, Rhodes and Sedelmeier, 2006)。

ガバナンス論というナラティブが有効だとすれば，それぞれの国民国家におけるこれまでの常識をくつがえしていく下方分権化や上方分権化をめぐって，どのように再定義することができるのかという問題を端的に表現しているからだといってもいいだろう。われわれがこの問題を解決しようとするとき，ガバメントとガバナンスというふたつの概念があいかわらず対抗的相補性として存在していることに否応なしに気づかされる。けれども，このふたつの概念を対抗的相補性のままに放置しておいてはいけないのである。

しかし，そこまで悠長にかまえてはいられないといった人たちもいる。たとえば，おなじくクリントン政権の上級政策アドバイザーだった，ハーバード大学ケネディ・スクールのイレイン・カマックは，オズボーンらが提唱した「ガバメントの再発見」(reinventing government) という概念をうけて，「ネットワークによるガバニング」(governing by network) という考え方を提案している。彼女によれば，非政府組織が社会のなかで自然に立ち上がってくるのをまつのではなく，国家が政策を実行するために，非政府組織のネットワークを形成し，活性化させ，エンパワーメント（力量の増大）をはかっていくことが必要なのであり，そのネットワークこそ，政策形成者が意識的につ

くりだしていかなければならないものなのである (Kamarck, 2007: 100-101)。

　もちろん，あるものごとに関与するステイクホールダー（利害関係当事者）がかたちづくっていくものがネットワークなわけだから，政策形成に関わる当事主体がネットワークを形成していくのはとうぜんである。けれども，市民社会のなかで NPO や NGO が自発的（ボランタリー）にグルーピングを行い，政策遂行のこぎ手に成長するまでにはかなりの時間がかかる。それをじっとまっているわけにはいかないから，国家や政府の政策立案に関わる政策形成者が意図的に，カマック自身がいうように，場合によっては強制的にでも，NPO や NGO を組織化させ，資金調達から，ガバメントとの契約のめんどうから，すべてをケアしてやるというのである。

　しかしこれでは，手をかけすぎた子どもとおなじように，市民社会やコミュニティの NPO や NGO，あるいはコミュニティ組織が自立することなどまったく望めないだろう。参加デモクラシーというのは，能率や効率のパレート最適だけを追い求めることではない。場合によってシジフォスの神話とおなじ徒労に終わるかもしれないような，ゾウの時間とでもいうべき気の長い尺度をもつことが必要なのである。ガバメントの政策形成者も，政策形成の研究者も，このことについてともに寛容であるべきだろう。

2　「小さな政府」と PPP への転換

PFI の導入と CCT

　ところで，1990 年に発足したイギリスのメージャー保守党政権は，サッチャー政権が行った国家・公共セクター（国営企業）の民営化を中心にした旧来の政策をあらためて，民間セクターのプロジェクト・ファイナンスによる資金調達を基本にした PFI（Private Finance Initiative）方式を導入した。この政策は，国民が支払う税金に対して，もっとも価値の高いサービスを提供する VFM（value for money）を実現し，事業コストを削減するいっぽうで質の高い公共サービスの提供を維持しようとするものだった。そして，PFI 事業のプロセスにおいて適正コストをより透明で明確なものにし，よりいっそうのコスト削減の実をあげるために，サッチャー政権が導入した CCT（強

制競争入札：Compulsory Competitive Tendering）制度をさらに強化して，地方政府の財政など中枢の業務についても対象とする方式にあらためた。

　メージャー政権は，1991年に「シティズンズ・チャーター」(Ctizen's Charter) を公にし，①サービスの基準の市民への公表と説明責任（accountability）の明確化，②サービス内容の透明化（transparency）と情報公開，③サービス選択権と市民との協議，④充実したサービスの提供，⑤効率的・経済的なサービスの提供，⑥劣悪なサービスについての謝罪と是正を約束した。そして，行政サービスをふくむ公共サービスの選択権を市民としての顧客に付与する，顧客志向（Customer Orientation）の方向性を明確にした。

　このように，メージャー政権は，民営化政策だけにとどまらずに，民間セクターのファイナンスとVFMの発想をたくみに組み合わせる施策へと転換し，サッチャー主義のウルトラ・ライト（超右派）からセンター・ライト（中道右派）へとネオ・リベラリズムのスタンスを変更させていったのである。

「福祉から労働へ」の政策移転

　それに対して，1992年に発足したアメリカのクリントン政権は，アル・ゴア副大統領が提唱したことで有名な「情報スーパーハイウェイ構想」，すなわち全米情報基盤整備（NII: National Information Infrastructure）プロジェクトを政策の主要な柱として採用し，IT産業を基幹産業に育成していく「ニュー・エコノミー」政策を展開し，IT（正確にはICT）と金融を中心とするクリントノミックスを実現させた。

　また，レーガノミックスの高所得者優遇税制をあらためるために，1990年にパパ・ブッシュ政権が制定した包括財政調整法（OBRA90）を改正して，1993年にあらためて包括財政調整法（OBRA93: Omnibus Budget Reconciliation Act）を制定し，所得税の個人最高税率の引き上げ，ガソリン税の増税，公的医療保障の削減など国民負担率を増大させる公共政策をとった。この包括財政調整制度にもとづく歳出削減と，IT関連分野の経済成長の結果，財政は黒字に転じ，そのおかげで，クリントノミックスという呼称があたえられたのだった。

だが，財政再建は，軍事費や連邦職員の削減とともに，福祉関連支出を削減する弱者切り捨てをともなう。ファースト・レディのヒラリーが中心メンバーだったことでしられる医療保険改革は，企業が100％支出して私的保険を購入する現行の制度を変更するために，1993年に着手された。そして，企業の医療保険加入（80％が企業負担，20％が本人負担）を義務づける「健康保障法」（Health Security Act）として議会への提出がはかられた。しかし，アメリカはじまって以来のこの国民皆保険の制度化構想は，あえなく挫折した。

　方針転換を余儀なくされたクリントン政権は，1996年に，ニューディール期以来60年間たもちつづけられてきた「扶養児童家庭援助」（AFDC: Aid to Families with Dependent Children）制度を廃止して，あらたに「自己責任・就労機会調整法」（PRWORA: Personal Responsibility and Work Opportunity Reconciliation Act）を制定した。さらに，1998年には，「労働力投資法」（Workforce Investment Act）が制定された。これらの制度こそ，「就労のための福祉」ないしは「福祉から労働へ」（welfare to work）というクリントン政権の福祉政策の柱をなすものであり，1997年に発足するイギリスのブレア政権に政策移転されていくものだった。

　現金給付による福祉支援よりも就労支援にシフトしたこの政策には，「要支援家庭一時援助」（TANF: Temporary Assistance for Needy Families）のような現金給付制度もふくまれてはいたが，給付には5年間という年限や給付額の上限がもうけられていた。「就労のための福祉」，「福祉から労働へ」というこの政策のおもな目的は，失業者や給付受給者が自立できるようにスキルアップのための職業訓練をほどこし，就労支援を行うプログラムを実行することにあった。すなわち，失業者が社会保障費を受給するにあたって，失業対策事業やコミュニティにおけるなんらかの仕事に従事するか，あるいは再就職のための職業訓練を受けることを条件として「就労義務つき失業手当」が支給されるシステム，つまりはワークフェア（workfare：労働奨励福祉）政策を実行することによって，失業者や就労できない状況にある人びとを失業給付や所得補助を現金給付するだけの福祉支援から脱却させようとする施策だった。

ベスト・バリュー政策と PPP

　こうしたクリントン政権の中道政策を政策移転していったのが，1997年5月，国家社会主義と揶揄されてきたオールド・レーバーに対して，ニュー・レーバーの中道左派として登場したイギリスのブレア政権だった。ブレアは，パターナリスティック（温情主義的）な福祉主義でもない，ネオ・リベラリズムの市場原理主義でもない，「第3の道」を選択した。日本では，ブレアのブレイン・トラストのひとりだった，ロンドン大学のアンソニー・ギデンズの『第3の道：社会民主主義のリニューアル』という著作だけが大いに話題になった（Giddens, 1998）。しかしながら，ブレアが，左派から中道左派へと大きくかじを切るうえでクリントンの政策から大きな影響をうけ，その主要な部分の政策移転を行った点は，あまり注目されなかった。この政策移転について，イギリス南東部にあるサリー大学のスティーブン・ドライバーは，「労働党政権は，アメリカから大急ぎで学びとり，ネオ・リベラリズムの福祉改革モデル，すなわち『ワークフェア』を輸入しているところなのだ」と皮肉まじりに述べている（Driver, 2004: 35）。

　そのことはおくとして，ブレア政権もまた，クリントン政権の包括的財政調整制度とおなじように，包括的歳出見直制度（CRS: Comprehensive Spending Review）を導入した。そのいっぽうで，メージャー政権の「シティズンズ・チャーター」にかえて，「サービス・ファースト」（Service First）をめざす「ベスト・バリュー」（Best Value）政策に転換し，CCT（強制競争入札）制度を廃止した。CCTがコスト削減のみを自己目的化した競争を激化させたこと，入札に敗れた事業主体の再雇用，機会の不平等といった，CCTでは解消されない問題点がうきぼりになったことが，その理由だった。

　そして，ベスト・バリュー達成のための4C，すなわち「挑戦」（Challenge），「比較」（Compare），「協議」（Consult），「競争」（Competition）というスローガンをかかげて，①達成目標と達成方法の明確化，②業績の見直し（Performance Review），③業績計画の発行，④監査の徹底，⑤是正措置という政策評価の基準をあきらかにした。さらに，この政策を分権改革とパラレルに推進していくために，公共セクター，企業セクター（民間営利），ボランタリー・セクター（民間非営利）とコミュニティ・セクター（民間非営利）の3

者の連携・協働によって「地域戦略パートナーシップ」(Local Strategy Partnership) を促進していく施策がとられた。これら3つのセクターのためのタスク・フォースとして，あるいは中間支援団体として，パートナーシップUKや4Ps (Public Private Partnership Programme Ltd.) など「地域開発エージェンシー」(Local Development Agencies) が各地に配置されるシステムができあがった。このことによって，PFIプロジェクトをふくむ公民パートナーシップ (PPP: Public Private Partnerships) が，本格的に推進されていくことになったのである。

　もちろん，「地域開発エージェンシー」の多くは，いわゆるクァンゴ (QUANGO: Quasi-autonomous Non-governmental Organisations) であり，日本でいえば広い意味での公益法人をすべてふくむものであるといっていい。これらは，ボランタリー・セクターやコミュニティ・セクターのインキュベーション (孵化・育成) をも担うタスク・フォースとして機能するエージェンシーである。その選び方が不透明であるとか，民主主義的な団体ではないなどといった批判もあるが，そうした曖昧な理由でこれらのエージェンシーを排除してしまうならば，公共セクターと民間セクターとの協働・連携としてのPPPなどいつまでたっても進展しないだろう。

　ここであげた政策プログラムは，すべてベスト・バリュー政策の一環として実行されたものである。そして，1999年には，中央政府が指定するサービス分野に地方政府が応募し，優れたサービスを提供している地方政府がベスト・バリュー・プラスの模範自治体に選ばれる「ビーコン・カウンシル・スキーム」(Beacon Council Scheme) が導入された。2000年には，「地方政府法」(Local Government Act) が改正されて，「コミュニティ戦略」(Community Strategy) の策定が地方政府に義務づけられた。

　また，政権発足当初にベスト・バリュー政策の一環として，地方政府の行政サービスについて地方政府みずからの手ですべてを審査することが義務づけられたが，2002年に，この義務づけは撤回され，包括的達成査定制度 (CPA: Comprehensive Performance Assessment) による優先順位にしたがって審査を行うシステムに変更された。だが，2005年に再規制が行われて，CPAに「厳密達成度テスト」(The Harder Test) が導入され，ふたたび地方政府み

ずからが年間サービスの評価，資源の活用状況，一定期間の協力関係の評価を審査し，報告書を提出するシステムに変更された。その結果は，独立の第3者機関である監査委員会（Audit Commission）によって4つ星のランクにわけて評価されることになった。

ワークフェアと福祉の脱中央化

ところで，クリントン政権からブレア政権へと政策移転された「就労のための福祉」，「福祉から労働へ」というプログラムの共通点は，就労を失業手当などの福祉供給の条件とし，現金給付を行うだけにとどまらず，就労を支援し，労働を助長することに福祉政策の本質があるということである。ところが，就労義務つきでしか失業手当がもらえないこのワークフェア（労働奨励福祉）政策の条件が，労働を強要するネオ・リベラリズムの本性をむきだしにしているというので，あまり芳しい評価がえられないのである。たとえば，ウィスコンシン大学のジェーミー・ペックは，「ワークフェアは，仕事のない人びとに仕事をみつけてあげるのではなく，だれも欲しいとは思わないような仕事のために，労働者をつくりだすものである」と皮肉まじりに批判している（Peck, 2001: 6）。

周知のように，政府（中央政府，地方政府）主導で労働市場の柔軟化をめざす北欧型のサービス・インテンシィブ（service intensive）モデルの場合には，スウェーデンのコミューンのように，分権化された地方政府が中心となって，その成員である市民に対して文字どおりサービス供給を行うところに福祉政策の主眼がおかれている。そのためもあって，たとえば職業訓練をうけた失業者が就労を拒否したとしても，ペナルティを課されることはあまりない。

いっぽう，アメリカ型のワーク・ファースト（work first）モデルの場合は，まずは仕事をというわけで，労働市場への労働力のつなぎとめ（labor-force attachment）をめざす方策がとられてきた。もちろん，このモデルは，民間セクター（営利，非営利）主導で労働市場の柔軟化をめざそうとする施策なわけだから，就労を福祉の条件とする以上，就労の拒否に対してはペナルティを課すという強い姿勢がうかがえるべきもののはずである。ところが，もともと州があつまって連邦を構成している関係で，アメリカでは州の独自性

が強く，クリントン政権の「就労のための福祉」，「福祉から労働へ」プログラムが実施されたあとも，ほとんどの州では，乳幼児を抱える母親に対してワークフェアの要請を免除する旧来からの措置がとられつづけた。

　したがって，ペックのように，特定の集団や組織に政府が給付金を交付する「エンタイトルメント・プログラム」など，権利付与システムにもとづく福祉主義や自発的なプログラムへの参加が福祉政策の基本的な考え方であるとする立場からすると，「ワークフェア主義は，人びとを強制的にプログラムに参加させ，行動様式の変更さえ迫ろうとするものである」ということになるわけである（Peck, 2001: 12）。

　だが同時に，ペックは，クリントン政権が福祉支出の削減を行ったことで，ぎゃくに州や地方政府レベルにおける福祉資源競争の促進，地方独自の福祉プログラムのデザイン，裁量権の強化など，低コストで，短期間に成果をあげる政策改革が推進されたとして，「福祉の脱中央化」（decentring of welfare）と「福祉の空洞化」（hollowing out of welfare）現象について冷静な分析を行うのを忘れてはいない（Peck, 2001: 70-71）。ちなみに，「福祉の空洞化」とは，福祉施策が中央政府（アメリカでは連邦政府）からくり抜かれて，そっくりそのままというわけではないが，地方政府の手にゆだねられることを意味している。

　規制緩和と再規制，再規制としてのコミッショニング
　それに対して，イギリスの場合には，医療については国営（NHS）で無料，福祉や公衆衛生，すなわちコミュニティ・ケア（community care: 医療以外のサービス）については地方政府が担当し，原則として有料というシステムが，サッチャー以前までたもちつづけられてきた。だが，1980年代はじめにサッチャー主義が始動すると，医療分野も，福祉分野も，ともに混合経済による内部市場（internal market）ないしは準市場（quasi-market）に移行された。政府は，サービス提供者から転じて，サービス購入者に徹することになった。つまり，サッチャーの国家主義においては，ネオ・リベラリズムの市場原理主義が優先されたわけである。

　しかしながら，ブレア政権がとった「就労のための福祉」，「福祉から労働

へ」の政策では，市場原理主義一辺倒ではなく，規制緩和 (deregulation) と再規制（re-regulation）を組み合わせて，パラレルに進行させていく方法が選択された。さきほどの包括的歳出見直制度（CRS）にもとづいて，1998年に『将来のための公共サービス：現代化，改革，説明責任』(Public Services for the Future: Modernisation, Reform, Accountability) という白書が提出された。これにしたがって，財政支出をともなう公共サービスについては「公共サービス協定」(Public Service Agreement) をむすび，数値目標を決めることが義務づけられた。そのうえで，医療サービスに関しては，サービス提供者とサービス購入者という関係を残したまま，購入のための契約費用などのコストが高すぎ，また医療の断片化をもたらすという理由から，原則として内部市場は廃止された。

おなじく，1998年に提出された白書，『社会サービスの現代化』(Modernising Social Services) では，市民の自立と就労意欲をうながすいっぽう，顧客である市民に信頼性の高いサービスを提供するために，社会サービスの査察と監査を重視する「コミッショニング」(commissioning: 職権介入検証) を導入し，政府＝公共セクターと民間セクターとのあいだで，とくにボランタリー・セクターやコミュニティ・セクターとのあいだで公民パートナーシップ（PPP）をかたちづくることによって，福祉分野などの社会サービスを拡充していくことが強調された。

コミッショニングは，市民のニーズに対処するために，福祉資源を効率よくサービスとして提供するマネジメントの手法であり，保守党政権の時代からひきつがれたものである。ブレア政権になってからのコミッショニングは，政府が決定した目標を達成するためにコミュニティ・ケアのニーズを把捉し，病院トラストやボランタリー・セクターやコミュニティ・セクターなどの公共サービスの提供主体と交渉し，合意形成を行うという内容に変更された。政府がふたたび関与の姿勢を示した点で，再規制の典型的な例にあたるといえる。

ブレア政権のコミッショニングは，混合経済によるサービス提供，ニーズのマッピング，購入者と提供者の区分といった基本的な部分については保守党政権の時代とおなじもののようにみえる。だが，CCT（強制競争入札）

を廃止したこと，公共セクターとインデペンデント・セクター（中間支援団体）との公民パートナーシップ（PPP）よりも，ボランタリー・セクターやコミュニティ・セクターとのあいだのより直接的なPPPにウェイトが移されたこと，この点ではまったく一線を画すものになった。

ステイクホールダー福祉

ブレア政権の「就労のための福祉」，「福祉から労働へ」というプログラムは，ネガティブ・ウェルフェア（弱者救済の依存型福祉）からポジティブ・ウェルフェア（就労と社会参加による自立型福祉）への転換をはかったものだとよくいわれる。この政策は，旧来の福祉国家のパターナリズムのように，形式的に公正な措置を上からの再配分として行っていけば社会正義を貫いたことになるというものではない。市民に均等な機会をあたえ，自分自身と自分の生活を向上させるために就労訓練に参加し，労働する義務を求めるという点に，あらたな平等と公正の基準をみいだそうとするものである。

それでもなお，「貧困の罠」（poverty trap）は解消できなかったという批判はある。ベーシック・インカム（最低所得保障）としての所得補助（日本では生活保護）を給付してもらうよりも，再就労によってえられる手取りの所得が低くなってしまうからである。このディレンマは，どの国民国家にもつきまとうウロボロスの構造である。最低所得税率を引き下げる以外に，この問題を解決するすべはない。

ブレア政権も，たとえば1999年に「就労家族租税クレジット」（Working Families Tax Credit）を導入して，就労低所得者の租税免除を行うなどによって対応した。失業，貧弱な技能，低所得といった社会的排除の悪循環を断ち切るには，かつてのベヴァリッジ型福祉国家のような福祉依存を許容するのではなく，就労と自立による社会的包摂をうながす「ステイクホールダー福祉」（stakeholder welfare）を実現する必要がある。ブレアの下で福祉改革相をつとめたフランク・フィールドのこの発案には，愛他主義にもたれかかる依存からの脱却という哲学が込められていた（Field, 1996; Field, 2000; Field, 2001）。この哲学が，「就労のための福祉」，「福祉から労働へ」政策の遂行に大きな影響をあたえたのである。

権利を保持すると同時に義務をきちんと果たすことができる自立した一人ひとりの個人を基盤にしたアソシエーション（集団形成），そして，そのアソシエーションからなるコミュニティ（地域社会）の成員としての個々人のエンパワーメント（力量の増大）が実現されるならば，福祉など公共サービスの提供主体になることのできるボランタリー・セクターやコミュニティ・セクターが誕生する。そうしたボランタリー・セクターやコミュニティ・セクターこそ，企業セクターとならんで，公民パートナーシップ（PPP）の対象となりうるのであり，コミッショニングやCPAのハーダー・テストにも耐えうるというのが，ブレアのブレイン・トラストのひとり，ギデンズの公正と配分的正義の考え方でもあるだろう（山本，2006）。

　じじつ，ブレア政権になってからは，市民についての位置づけも，行政サービスや公共サービスの「顧客」から「ステイクホルダー」(stakeholder: 利害関係者）へと大きく転換され，アドボカシー（政策提言）さえ求められるものに変化した。しかしながら，ブレア政権の10年にたいする評価は，総じてあまり芳しいものではなかった。とくに，アフガン戦争とイラク戦争に加担することを決断してからは「ブッシュのプードル」と揶揄されるありさまだった。だが，少なくとも，ベスト・バリュー政策の柱となったPPPモデルをつくりだし，定着させ，「ステイクホルダー社会」への道を切りひらいたことについては評価してもいいだろう。

3　PPPとコミュニティ・ガバナンス

PFIスキームと対話手続

　ところで，メージャー政権が採用したPFIプロジェクトは，日本でも，神奈川県立大学の設立事業を手はじめに地方政府において採用され，中央政府のレベルにまで拡大していった。美術館，消防署，駐車場・公園，斎場，浄水場，ごみ処理施設，学校建設・学校給食施設，病院・福祉施設，学生宿舎，公営住宅，公務員宿舎，そして大学新キャンパス整備など，多様な分野におよんでいる。とくにめだつのは，公営住宅と公務員宿舎の建て替え整備事業である。その理由は，なによりもコスト・ベネフィットである。たとえば，

公共施設を建設する場合，25％程度のコスト削減を見込むことができるといわれている。また，ブレア政権が導入したPPPスキームによる事業としては，東洋大学大学院の公民連携専攻が岩手県紫波町のまちづくりプランに関わり，最小限の税負担で庁舎整備を行うことを提案している例などが目につく。

　日本では，PFIは，中央政府や地方政府が基本的な事業計画をつくり，資金やノウハウを提供する民間事業者を入札などで募る方法であり，PPPは，事業の企画段階から民間事業者が参加するなど幅広い範囲を民間にまかせる手法であるなどと，あやふやな知識を掲載しているポータル・サイトもある。だが，そうではなく，従来の公共事業ではまったく切り離されていた公共施設の建設，施設の管理・運営，サービスの提供を一体で行うのが，PFIプロジェクトである。たとえば，①公共施設の建築について細部の構造や設計などあらかじめすべての仕様を決めて，行政が建設会社に発注する旧来の仕様発注とはまったく異なるものであるということ，②公共施設が完成するとすぐに行政に引き渡されて事業が終了するというものではないということ，この点をきちんとふまえておかなければならない。

　そして，事業プランの段階で応募予定のそれぞれのグループが特別目的会社（SPC: Special Purpose Corporation）というコンソーシアム（共同事業体）をつくり，行政が示す性能要件にあわせてプランを作成し，資金調達（プロジェクト・ファイナンス）のめどをつけたうえで競争入札に応募するというのが，PFI事業の初期段階である。この段階で，施設の管理・運営を行う予定の事業者が，それぞれのグループのSPCのメンバーとしてすでに入っているのがふつうである。そして，競争入札が終わり，事業主体のSPCが確定すると，公共施設の建設・整備については行政の仕様要件にもとづいて行政とSPCとのあいだでやり取りを行い，施設の管理・運営についてはSPCサイドにまかせる性能発注を行う。これが，PFI事業の基本的な流れである。

　ところが，問題なのは，競争入札の手続がきわめて複雑なことである。PFIの本国であるイギリスの場合には，何段階もにわたる「競争的交渉手続」（Competitive Negotiated Procedure）方式が採用されてきた。各コンソーシアムの資格審査と概要の提案をへたのち，応募内容について技術水準，サービス内容，資金調達，価格づけ，リスク分担について行政と個別に交渉がも

たれるという手順になっていた。この間も，各コンソーシアムのあいだでは競争状態がつづいているわけだから，「競争的」なのである。手続方式には，ほかにも一般競争入札（Open Procedure）方式，それから日本の公募型指名競争入札に近い制限競争手続（Restricted Procedure）方式があるが，PFI スキームには採用されていない。

それに対して，日本の場合には，PFI 法（1999 年制定，2005 年改正）にもとづいて，公募型プロポーザル方式の手続が採用されている（法第 7 条）。この点が，イギリスの PFI と大きく異なるところである。そして，事業概要と事業者の選定を公告し，応募の意志のある民間事業者（SPC）に事業の情報について質問の機会があたえられる。技術水準，サービス内容，資金調達，価格づけ，リスク分担について客観的な評価を行い，総合的な判断にもとづいて事業者が選定される。こうして確定した事業者とのあいだで，公民の役割，リスクと責任の分担，事業が破綻した場合の対応などをふくめて，あらためて契約が行われ，PFI 事業がスタートするのである。

いっぽう，2004 年 4 月，EU 委員会は，「公共セクター調達指令」（EU Public Sector Procurement Directive）を発し，2006 年 1 月までに「競争的対話手続」（Competitive Dialogue Procedure）方式を導入するよう EU 各国に指示した（EU Commission, 2005）。この手続には，①技術的に複雑なものであること，②法的・財務的な構造が複雑なものであることという要件がつけられている。これまでのところ，イギリスをふくめて，12 か国が国内法への適用を表明しているが，PFI スキームは，法的・財務的な構造が複雑な例にあたるということになる。

イギリスでは，2006 年 1 月の導入期限ぎりぎりになって「公共契約規制法」（Public Contracts Regulations）を施行し，この「競争的対話手続」方式を PFI スキームに適用することを決めた。「競争的対話手続」方式では，情報公開の度合いがより高まり，PFI 事業の予算などもすべて開示される。これまでの「競争的交渉手続」方式では，発注者である行政と応募事業者とのあいだで個別交渉が行われ，不透明な部分があったといわれてきたが，「競争的対話手続」方式のほうが，不適切に利用されるリスクを軽減することができるとされている（OGC, 2006）。

この「競争的対話手続」方式について，日本では，手間とコストがかかり，またこの方式が競争入札を経由しない随意契約にあたるとして，公正な競争が保証されないのではないかと危惧する声もある。しかしながら，日本の場合，①事業概要と事業者の選定の入札公告後に事業の情報について民間事業者（SPC）に質問の機会があたえられるが，対話ではなく文書による回答にとどまっていること，②民間事業者の概要提案にたいする審査がまったく一般的なものにとどまっており，発注者の性能要件だけに頼らざるをえないため，細部にわたる事業内容を絞り込めないまま事業提案を行わざるをえないこと，③PFI適用可能性調査の段階で発注者が採用したアドバイザーが事業者の選定，契約の段階まで関与していること，こうした問題点がPFI事業についてまわっている。契約にいたるまで，これまでよりも時間がかかるとはいえ，日本のPFIスキームにおいても対話手続方式を採用することを真剣に考えるべきだろう。

PPPスキームと指定管理者制度，市場化テスト
　ところで，こうしたPFIスキームとPPPスキームは，どこがおなじであり，どこが異なっているのだろうか。図1をみればわかるように，PFIスキームは，PPPスキームというセット（集合）の一部をなしている。つまり，ふたつのスキームは，基本的におなじ発想にもとづいているといえる。ただし，PFIスキームにおいては，民間事業者がSPCというコンソーシアムを形成しておかないと対応できないほど，細部にわたって仕様と手続の手順が決まっている。それに対して，PPPの場合には，たとえば既存の公共施設の管理・運営や既存の制度の運営といった，事業規模があまり大きくないものとか，既存のシステムを組み替えて再活性化をはかるものが対象になることが多い。そのため，それぞれのやり方によって，仕様も，手続の方式も異なるのである。

図1　PPPスキーム

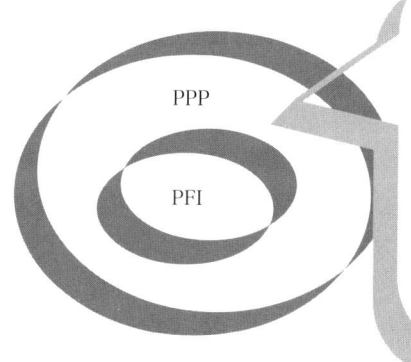

```
PPP
  PFI
```

アウトソーシング（外部委託）
指定管理者制度（Appointed Providers）
市場化テスト（Market Testing）
公設民営（GOCO）
PFIによる業務の民間委託
民営化（Privatization）
独立行政法人（Independent Agencies）
公益法人（Public Service Corporations）
NPO（Non-profit Organizations）

（Yamamoto, 2007: 83）

　そこで，指定管理者制度と市場化テストを例にとって説明してみることにしよう。指定管理者制度は，2003年9月に地方自治法を改正して施行されたものである（法第244条の2）。それまで約10年つづいた管理委託制度と比べると，事業者の範囲が大幅に拡大したところに大きな特徴がある。PFIスキームに対してPPPスキームが優位性をもつとすれば，この点にあるといえる。両方の制度とも，おもに既存の公共施設の管理・運営を受託するというものだが，管理委託制度の場合は，応募資格のある事業者が公共的な団体，すなわち行政が第3セクターとして設立した公社，事業団，その他の公的な団体にかぎられていた。いっぽう，指定管理者制度の場合は，事業者が外郭団体である公社などだけではなく，民間セクターである企業やNPOにも開放された。この点が，この制度の大きなメリットなのである。
　指定管理者制度の場合も，PFIスキームとおなじように，原則として公募プロポーザル方式で管理者が選ばれる。けれども，行政の選定委員会という固定化された制度が存在しているところが，PFIスキームとは異なる。そして，指定管理事業者は，公共施設の使用許可をあたえる権限をもつほか，行政の承認をえたうえで使用料を決定し，使用料を代価として受け取ることができる。ただし，この制度による公共施設の管理・運営は，指定行為という

行政処分であり，行政の進行管理のもとで管理・運営を代行するものということになる。したがって，使用料を強制徴収したり，不服申し立てがあった場合に決定を行ったり，行政の財産である公共施設を目的外に使用することはできない。

こうした制約はあるものの，指定管理者制度というPPPスキームが導入されたことによって，NPOやコミュニティ組織（CBO）にとっては，これまでよりも活動の範囲も，収益源も広がったといえる。だが，実情は，これまでの行政の外郭団体である公共的団体が落札し，管理・運営の仕方もこれまでどおりという公共施設がきわめて多い。にもかかわらず，スポーツ関連の企業が，これまで遊休の状態がつづいてきた体育館などの管理・運営を落札し，可動させている例が少なからずあるのは，この制度がもたらした成果であるといえるだろう。

いっぽう，2006年5月に成立した市場化テスト法（「競争の導入による公共サービスの改革に関する法律」）にもとづく制度は，原則として公共セクター（行政）と民間セクター（企業，NPO）が対等の競争相手となって競争入札に参加するものである。入札方式も，応募型プロポーザル方式，価格競争入札，総合評価型入札の3つがあり，発注方式とおなじく多様である。この制度もまた，イギリスにならったものであり，行政みずからも事業者として競争入札に参加することによって，これまでのお役所仕事の意識改革を行うねらいもある。この制度を本格的に導入していくならば，日本の行政制度のあり方を大きく変化させていくきっかけになるだろう。しかし，行政が入札に応募した例はまだない。

市場化テストの対象は，現在までのところ，①給付・徴税業務（国税・地方税の徴収など），②公的施設の整備と管理・運営（宿泊施設，庁舎・宿舎，情報通信システム，行刑施設など），③登録業務（車庫証明，登録・登記，公証など），④統計調査・製造等（各種統計など），⑤検査・検定業務等（宅建免許審査など），⑥その他の事務・事業（物損事故処理，競売手続，職業紹介，航空管制など）などであるが，さらに中央省庁の施設管理，地方自治体の上下水道の保守管理など，41事業に拡大されていくことになっている。

また，市場化テストの事例としては，①ハローワーク（アビリティガーデ

ンの職業訓練，キャリア交流プラザ，求人開拓)，②社会保険庁（国民年金保険料収納，債権管理回収，年金電話相談，厚生年金保険・政府管掌健康保険適用事業所の適用促進)，③法務省（刑務所行刑事業）④警察庁（駐車違反取締）などの業務があるが，⑤太田市の図書館運営業務，福岡市のリサイクルプラザ運営業務，北九州市の動物園運営業務など，地方政府からNPOに委託された事例もある。そして，地方税の徴税，滞納処分，債権回収，戸籍法関係，住民基本台帳，国民健康保険，生活保護，児童手当，上下水道設備など，市場化テストの対象として民間開放すべきであるとして，特区申請されている業務もある。パスポート交付業務なども，市場化テストの対象として早急に検討されていい業務のひとつだろう。

　このように，指定管理者制度や市場化テストは，日本におけるPPPスキームの枠組みを大幅に拡大しつつある。そして，市場化テストとして民間開放が求められている業務については，一種のパスファインダー（先導者）の役割を果たし，まず民間営利セクター（企業）において広がりをみせ，つぎに民間非営利セクターのあいだでも参入する事業者が増大してくことが望まれる。地方政府のあいだで，市場化テストを本格的に導入する検討が行われているが，太田市，福岡市，北九州市の市場化テストの業務にたずさわっているNPOは，まさにパスファインダーとしての先駆的な役割を果たしているといえるのである。

　PPPの推進力としてのパスファインダー・スキーム
　ところで，「パスファインダー・スキーム」(Pathfinder Scheme) というのは，イギリスのPFIスキームとして導入された先駆的プロジェクト推進の枠組みのことである。たとえば，イングランド高等教育財政委員会 (HEFCE: Higher Education Funding Council for England) は，「パスファインダー・スキーム」を，PFIスキームのなかでVFMを実現していくための枠組みと位置づけ，サービス提供主体を適正に配置し，さまざまなステイクホルダー（利害関係当事者）の利益を調整するマネジメントの枠組みをつくりあげるために，専門家を活用するコストの50％を援助するなどの支援活動を行ってきた。この政府委員会もまた，ジョイント・ベンチャー（共同事業体）や

アウトソーシングによるサービス，プライベイト・ファイナンスへの投資，市場へのサービスの販売などをふくむ調達方法全体をカバーする事業にたずさわっている。そして，これらの事業が PPP スキームに属するとしている (HEFCE, 1998; HEFCE, 2003)。彼らもまた，PPP スキームというセット（集合）に PFI スキームが内包されると考えていることがわかる。

　さらに，この「パスファインダー・スキーム」は，たとえば，イギリスの地方政府協会（LGA）の下部組織である「改善・開発エージェンシー」(IDeA: Improvement and Development Agency) の「文化パスファインダー」プロジェクトとして活用されている。この組織は，すでにふれておいたように，公民 3 つのセクターの連携・協働による「地域戦略パートナーシップ」を推進していく役割を果たす「地域開発エージェンシー」であり，イングランドとウェールズをカバーして，地方政府のプロジェクト支援，政治的リーダーの養成と支援，行政職員のエンパワーメント（力量の増大），地域の住環境の改善，地域住民およびコミュニティの支援を行っている。「文化パスファインダー」は，IDeA の主要な活動のひとつであり，それぞれの地方政府と協力して，文化パスファインダーのための資金集め，社会的起業のためのアドバイスや資金援助，コミュニティの生活改善，子どもや若者の社会参加のバリア除去，文化とアートを媒介にした若者の創造力の喚起といった活動を行っている（IDeA, 2007）。

　このように，「パスファインダー・スキーム」は，PFI スキームの事業主体の事業者の適正な配置やステイクホールダー間の利害調整に関わるだけではなく，地方政府（行政），民間事業者（企業），コミュニティ（NPO）の 3 者をむすびつけ，連携・協働をうながしていく PPP スキーム，すなわち公民パートナーシップの大きな推進力になっている。その点では，アメリカの「コミュニティ開発法人」(CDC: Community Development Corporation) や「コミュニティ経済開発」(CED: Community Economic Development) 法人が行っている，コミュニティの持続的な維持や再生の活動ときわめてよく似た内容の活動であるといえる。

CDC と CED

　CDC は，もともと 1960 年代後半にアメリカのシカゴではじまった都市貧困層や低所得層のコミュニティにおける住宅修理などの支援活動だった。しだいに，ニューヨークやロサンジェルスなどの大都市に広がっていき，1970 年代に低所得者向け住宅（affordable housing）の建設などを手がけはじめ，さらに 1980 年代になると，コミュニティの再開発を行う事業主体に成長していった。1990 年代にかけては，ゾーニングによる都市再開発を行う事業主体さえ登場するようになった。もちろん，CDC は，れっきとした NPO である。

　アメリカでは，70 年代から大規模な郊外型の宅地開発がはじまり，乱開発ともいえる状況に直面したために，きびしいゾーニングによる「成長管理」（Growth Management）が行われてきた。しかし，80 年代以降は，都市の中心部と郊外の両方における再開発が大きな課題になり，郊外への過度のスプロールの防止，インナー・シティの再開発，それにともなうアフォーダブル（低所得者向け）住宅の供給が問われるようになった。こうして，CDC は，コミュニティにおける低所得者対象住宅を提供する NPO であるにとどまらず，都市マスタープランにもとづく新しい成長管理政策の一翼を担うパートナーに成長していったのである。

　CED のほうは，地方の農村部ではじまった地域再生活動だったが，1970 年代から 1980 年代にかけて，コミュニティの持続的な社会的・経済活動として全国的に普及していった NPO ないしはコミュニティ組織（CBO）である。もちろん，それぞれの州や郡によって温度差はあるが，基本的にはコミュニティの成員が参加し，近隣監視（neighborhood watch）と相互扶助（outreach）の活動などを継続することによって，コミュニティの問題解決を行うことをめざしている。しかし，最近では，イギリスの「地域開発エージェンシー」ではないが，州政府が後押しをして CED 支援法人（CED Assistance Corporation）をつくるところも多くみられ，いわば CED の CDC 化といってもいい状況になっている。

　したがって，CDC と CED を区別して語るのはもはやむずかしい。むしろ，ほとんどおなじものであると考えたほうがいいだろう。すなわち，CDC も，

CED も，低所得者向け住宅，借地借家人のケア，ドラッグなど子ども・若者のケア，教育など近隣社会の問題解決をはかるだけでなく，NPO にたいする相談や支援など中間支援団体の役割，就労対策，NPO によるコミュニティ開発ビジネスの支援やファイナンス，経済・社会・文化・エコロジーといったあらゆる側面からコミュニティ全体の発展を促進していく組織へと成長しているのである。そして，CDC や CED の横のつながりも拡大しており，全国的なネットワークも形成されている。

　みてきたように，イギリスにおいても，アメリカにおいても，NPO やボランタリー・セクターの活動はとても活発であり，それを支援する「地域開発エージェンシー」，あるいは CDC や CED といった中間支援団体が発達している。そして，「パスファインダー・スキーム」や CDC や CED のコミュニティ支援プログラムのおかげで，コミュニティにおける住民のガバニングへの参加，すなわち市民参加型のコミュニティ経営も，きわめて積極的である。このようなコミュニティ・ガバナンス，そのうえになりたつローカル・ガバナンスの基盤もかなり強固なものになっている。いうまでもなく，NPO，ボランタリー・セクター，そしてコミュニティ組織（CBO）が，公共セクター（行政）や民間営利セクター（企業）と遜色なくわたりあえる力量を身につけているからである。

　では，日本の現状はどうだろうか。残念ながら，いまだ行政，企業，NPO の連携・協働をベースにした公民パートナーシップ（PPP）について語っているレベルにある。もちろん，PPP について語るのはとてもいいことだが，指定管理者制度に典型的にうかがえるように，既存の公共施設の管理・運営ですら，最終的には行政行為，すなわち行政処分の範囲であたえられるにすぎないという現行制度の壁をなんとかしなければならないだろう。そうでなければ，NPO の行政へのぶら下がりの構造を脱するのはむずかしい。指定管理者制度にもとづいて NPO が既存の公共施設を管理・運営するとか，福祉 NPO が在宅介護サービスの指定事業者として活動するといった現状の持続可能性ではなく，NPO やコミュニティ組織（CBO）に管理・運営のエンパワーメント（権限の移譲）が行われるあらたな展開が望まれるのである。

4　ニュー・ローカリズムとローカル・ガバナンス

プリンシパル - エージェント関係と市民ロビーイスト

　NPO や NGO，あるいはコミュニティ組織（CBO）などの非営利組織は，コミュニティに住んでいる地域住民や市民というソーシャル・キャピタル（社会関係資本）の集合的な表現形態である。したがって，非営利組織は，相互の信頼にもとづき，公共の場において合意を形成していくエージェント（行為主体）の集合体ということができる。もちろん，公共の場における合意形成というのは，公共セクターとしての中央政府や地方政府が決定し，実施する政策形成ということに限定されない。CDC や CED が実現している市民参加型のコミュニティ・マネジメントもまた，コミュニティにおける住民や市民の合意形成への参加，つまりはガバニングという集合行為への参加を意味する。したがって，公共の場における合意形成といえるのである。これが，コミュニティ・ガバナンスの実相である。しつこいようだが，ガバナンスは制度ではない。

　ヴァージニア州ウィリアムズバーグにあるウィリアム＆メアリー・カレッジのヘリントン・ブライスは，公共セクターと非営利組織との関係を「プリンシパル - エージェント・パラダイム」（principal-agent paradigm）ととらえている。両者の関係が，主人と代理人との関係にあたるというわけで，非営利組織を公共政策の行為主体，すなわち公共政策を実行する代理人として位置づけることができるというのである（Bryce, 2005: 4-5）。もちろん，一方向的な指揮・命令関係だけを許容しているわけではないだろうが，ブライスの言い方は不十分である。というのは，プリンシパル - エージェント関係を，行政＝プリンシパル，非営利組織＝エージェントと固定化してとらえるのではなく，相互に置換できる関係，入れ替え可能な関係としてとらえておかなければならないからである。とうぜんのことながら，プリンシパルとエージェントの関係が入れ替る可能性がなければ，現行の政策や規制の変更などおぼつかないからである。

　さらに，公共セクターとしての行政が提起してくる政策や規制に対して，

NPO など非営利組織の側でも，個別の組織では効果的に実現できないようなものを実現していく手だてが求められる。そのためには，多くの非営利組織が手をむすび，ロビーイングという集団行動をつうじて，政策や規制に賛否を表明するいっぽうで，政策や規制の変更を求めていかなければならないのである。

　サン・ディエゴ州立大学のブライアン・アダムズがいうように，「市民ロビーイスト」(Citizen Lobbyists) は，ロビーイングという集団行動をとおしてソーシャル・キャピタルをつくりあげていくのであり，そのためには，この集団行動に参加するプロセスにおいて形成される社会的なネットワークに依拠しなければならない。ぎゃくに，ロビーイングという集団行動への参加が，社会的なネットワークを形成していく刺激をあたえていくことができるのである。したがって，政策 A が政策 B よりもより多くの市民の参加（あるいは賛同）を獲得したとすれば，市民のロビーイングという集団行動が，ほかの多くの市民を動員することができ，公共の場におけるアジェンダ設定に成功したからだということになる（Adams, 2007: 19, 75）。

　単純明快な論理である。だが，さきほども述べておいたように，この公共の場というのは，公共セクターとしての行政の政策形成，すなわち行政の合意形成のことだけを意味するわけではない。A という NPO が，その NPO 組織の会議において，就労訓練プログラムについて合意形成に達した場合も，もちろん公共の場におけるアジェンダ設定に成功したといえる。また，B という NPO が，その組織の会議において，資金集め（ファンド・レイジィング）のプロジェクトについて合意形成に達したならば，これもまた，公共の場におけるアジェンダ設定に成功したことになるのである。そして，多くの NPO が集合行為としてのロビーイングを行い，公共セクターとしての行政の合意形成に対して圧力をかけ，政策や規制の変更に成功したとき，そのロビーイングは，公共性ないしは公共圏という公共の場におけるアジェンダ設定という合意形成に成功したといえることになる。

　日本の NPO や NGO，それにコミュニティ組織（CBO）に決定的に欠けているのは，このロビーイングという集団行動によるバーゲニングである。たとえば，「わたしたち，とてもすばらしいことをしているのだから，お互

いにがんばりましょうね」といった非営利組織のボランタリーな倫理観は貴重なものである。けれども，それは，仲間うちで共有される信頼にもとづく相補的な関係性の確保と維持を意味するにすぎない。社会的な広がりをもった信頼にもとづくソーシャル・キャピタルの形成と持続的な発展には，必ずしもつながらない。ブライスが強調するように，そのような意味でのボランタリーな倫理観よりも，非営利組織を運営し，サービスを提供していくマネジメント・マインドやマネジメントの手法のほうにプライオリティを認めざるをえない。おなじく，関係性のコストと，関係性の内実を実現するコストを区別しなければならないのもとうぜんである (Bryce, 2005: 6)。

　つぎに，非営利組織がコミュニティの住民や市民のエージェント（代理人）であるかぎり，非営利組織の存在意義や評価は，その非営利組織が提供するサービスが，プリンシパルであるコミュニティの住民や市民に受け入れられるかどうかにかかっている。だが，このプリンシパル‐エージェント関係もまた，もちろん入れ替え可能でなければならない。なぜならば，住民や市民もまた，非営利組織が提供するサービスのフリーライダー（ただ乗り）であることに安住することなく，ステイクホールダー（利害関係当事者）として，公共の場における合意形成への参画を求められ，コミュニティの運営，マネジメントに積極的に参加するよう圧力をかけられるからである。こうして，コミュニティにおける住民や市民と非営利組織とのプリンシパル‐エージェント関係もまた，つねに相互置換可能な，入れ替え可能なものでなければならないという単純明快な答えが導かれる。しかしながら，住民や市民というソーシャル・キャピタルが，せまい範囲でしか共有できない信頼という殻に閉じ込められてしまうならば，潜在的な可能性のシーズは芽をだすこともなく，フリーライダーという名のぶら下がりの構造の持続可能性だけが残されてしまうことになる。

フランチャイズとしての地方政府

　ニュー・ローカリズム（新地方主義）を唱えるジェリー・ストーカーは，理論的にも，実践的にも，ガバメントとガバナンスについて関わりをもってきた理論家のひとりだが，ブレア政権が行ってきた分権化がじつは新しい集

権主義 (new centralism) であり，中央政府と地方政府の政府間関係はプリンシパル‐エージェント関係ではなく，フランチャイズと位置づけられてきたと批判している。ブレアの中央政府の関心は，サービスの提供主体である地方政府に対していかにやる気をおこさせ，一定水準以上に達した成果があがるようにコントロールすることにある。ただし，財政支出をコントロールするのではなく，すべての人びとに社会的・経済的な機会あたえることができる成果を提供するようにすること，すなわち支出や財政の抑制とおなじぐらいに，社会的な機会と正義に関心があるのだというのである (Stoker and Travers, 2001: 12)。

　分権化によって，地方政府は，コンビニエンス・ストアのように，中央政府から独立してマネジメントを行うフランチャイズという権利を手に入れるかわりに，「就労のための福祉」，「福祉から労働へ」の政策を実施し，地域住民や市民に社会参加の機会と就労の機会をあたえてやることが義務づけられる。そうすることで，ぎゃくに中央政府は，国民に対して社会的な機会をあたえ，正義を実現するというポーズをとることができ，財政支出の抑制にもつながるというチャンスを手に入れることになる。ストーカーのブレアにたいする当てこすりはかなり強烈だが，そのぶんだけ，理想が高いことの裏返しといえよう。ブレア政権が誕生するまえの1996年には，ストーカーは，つぎのように語っていた。

　①政治は，人びとが協力しあい，選択を行うことができるものであり，市場における契約といった個人主義や利益の配分をこえたものである。②人びとがもっとも満足がいくと感じ，もっとも直接に参加できるのはローカル・レベルの政治である。③ローカル・レベルのグッド・ガバナンスは，公共生活において行動する権利と機会をもつと認められる人びとに開放されることである。④ローカル・デモクラシーにとって必要なのは，もっとも容易に政治参加への道が開かれることである。⑤ローカル・ガバメント（地方政府）がとくに魅力的なのは，分権化によって権力を付与され，その地方のニーズに対処できるように，その地方における知識や知恵を適用できる機会があたえられることである。⑥ガバナンスとは，ガバメント（政府）システムの内的な権力関係と，外部の社会的な利害による，より広範な権力配分への関与

を意味している（Stoker, 1996: 188-189, 194-195）。

　たしかに，ストーカーは，かなり理想主義的なことを述べている。だが，①地域住民や市民が地方政府に積極的に関与していくべきであること，②地方政府以外の市民社会レベルにおける権力配分にも関与すべきであるとしている点では，現実主義の考え方が示されている。ここでは，「ステイクホルダー」（利害関係当事者）ということばは使われていないが，地域住民や市民が社会的な利害関係にも関わりをもち，その権力配分，そして資源配分にも関与すべきであることが示唆されている。ところが，彼のこうした論点は，1990年代後半から2000年代にかけて大きく変化していくのである。とくに，ステイクホルダーが関与するコミュニティ・ガバナンスがポイントになる。

　ネットワーク化されたコミュニティ・ガバナンス
　①中央政府は，判断も，サービスも，トップダウンによって直接に提供するのではなく，支援者（enabler），規制者，基準の設定者に徹すべきである。②地方政府の価値は，提供するサービスによってではなく，コミュニティの社会的，経済的，政治的な発展のプロセスをリードし，その地方の市民の福利を最大限化していく能力によって判断される。③地方政府当局は，ローカル・コミュニティに関与し，ローカル・デモクラシーの討議を進展させていくあらたな方法を考えだす能力があることを示し，正当性を増大させなければならない。④地方政府は，NPMのような狭い効率性をめざすだけでなく，住民や市民の福利の最大限化をめざして，ローカル・レベルあるいはコミュニティ・レベルのフロントライン・マネジャーに権限も，資源も，移譲する必要がある。⑤生活に関わるセクター間の境界があいまいになり，複雑性が増大しているなかで，複合的システムが求められているが，それを解決するのは，「ネットワーク化されたコミュニティ・ガバナンス」（networked community governance）である。⑥コミュニティ・ガバナンスは，コミュニティにおける多様な利害に応えて，他のアクターとのパートナーシップをつくりあげ，多様なステイクホルダーをひきよせるアンブレラの役目を果たす（Stoker, 1999: 15-16, 18; Stoker, 2004a: 10-16, 26-27, 165-166; Stoker, 2004b:

117-122)。

　このストーカーの大きな転換を象徴するのは，コミュニティにおける住民や市民というステイクホールダーだけでなく，多様なステイクホールダーをひきよせていくアンブレラとしての「ネットワーク化されたコミュニティ・ガバナンス」である。これは，政府系エージェンシー，民営化された公益企業，民間企業，ボランタリー組織，利益集団などのあいだで現実に存在する水平的な相互関係をもとにして構想された，ローカルあるいはコミュニティのレベルにおけるコー・ガバナンスの枠組みである。そして，この枠組みをリードする中心的な役割を果たすのが，コミュニティ・レベルのフロントライン・マネジャーだとされている。しかしながら，最前線でリーダーとして期待できるソーシャル・キャピタルは，旧来からコミュニティで生活してきた住民や市民である。しかも，この場合には，農村部のコミュニティというところまで踏み込んでいき，リクルートを行わなければならないという前提条件がついている。ところが，ストーカーは，都市型のコミュニティ・ガバナンスをイメージして，つぎのようなオルタナティブまで踏み込んでしまうのである。

▶第1の選択肢：　地域住民の近隣コミュニティにあるすべてのパリッシュ・カウンシル（parish council）を一掃し，選挙によって選ばれるあらたな「近隣カウンシル」（neighbourhood council）におきかえる。この近隣カウンシルは，あらゆるコミュニティにとって有用であり，公園，公共空間，コミュニティ施設，電力供給，その他のQOL（生活の質）問題といったあらゆるサービスと機能に責任をもち，適正な地方税を徴収する。

▶第2の選択肢：　農村部で機能しているパリッシュ・カウンシルの組織を，都市部の組織レベルにアップデイトする。

　そして，この「近隣カウンシル」の決定形成の役割が，中央政府，地方政府，その他の団体から十分独立するかたちで確定されるかどうかが問題だが，このマネジメント・スキームが，中央政府と地方政府によって保証されるならば，有効で恒久的な制度になっていくとまでいうのである（Stoker, 2004a: 24; Stoker, 2004b: 125）。

　ストーカーは，伝統的な末端の行政組織であるパリッシュを一掃して，い

まだ存在しない都市型の「近隣カウンシル」に改組するという提案をしたわけだが，パリッシュ議員は，選挙で選ばれるものの名誉職で無給であり，公園や庭園から，牧草地や荒蕪地であるコモンズ（共有地）の管理までやってくれる便利屋さんである。しかも，所属しているディストリクト（イングランドとウェールズの州＝カウンティの下部行政区）に委託して地域住民からカウンシル税を徴収して，予算編成を行う権限までもっている。この既存のフロントライン・マネジャーをすべて入れ替えることができるほど，イギリスの農村部のコミュニティにはソーシャル・キャピタルといえる人材は存在していない。

　ストーカーの失敗

　おそらく，ブーイングの嵐がおこったものと推測されるが，この構想を打ち上げた翌年，2005年以降のストーカーの著作や論文からは，「ネットワーク化されたコミュニティ・ガバナンス」というタームはまったく消えてしまった。たとえば，2006年に出版された『なぜ政治が問題なのか』では，「市民，コミュニティ，ボランタリーの諸グループを支援することができる『アンブレラ』組織は，とくに重要な役割を果たすことができる。この組織は，諸グループと『参加プラットフォーム』を支援して，定着できるようにしてあげ，コンタクトや情報のネットワークを提供し，キャンペーンのやり方を説明し，関連のある決定形成者と掛け合い，まえに進めるようにしてあげることができる」という一節がある（Stoker, 2006: 97-98）。文脈はほとんどおなじものだが，「ネットワーク化されたコミュニティ・ガバナンス」というタームはみあたらない。

　「ストーカーの失敗」ついては，これ以上ふれる必要はないだろう。ストーカーの提案は，ローカル・ガバメントという公共セクターが唯一の公共サービスの提供主体であるとする旧来の固定化された考え方にたいするアンチ・テーゼなのであり，結果としてもたらされた反応が予想に反するものだったということである。したがって，ストーカーの理念や理想は，そっくりそのまま残されてもいいわけである。

　問題は，ローカル・ガバナンスのあり方をめぐって，公共セクター（行

政），民間営利セクター（企業），民間非営利セクター（NPO, NGO, CBO）がどのようにコー・ガバナンスを形成していくことができるのかという枠組みである。つまりは，ローカル・ガバナンスの組み替えを試みようとするさいに，プリンシパル‐エージェント関係の相互置換を担保するすべをみいだすことができるのかどうかにつきることになる。

5　むすびにかえて

ローカル・ガバメントの失敗とガバナンスの枠組み

すでにふれておいたように，日本においても，分権改革の一環として地域内分権ないしは自治体内分権が行われ，「地域自治区」と「地域自治組織」（地域協議会と長）が制度化された。くりかえすまでもなく，これは，地方政府の下部組織に組み込まれたガバメントである。そして，第27次地制調に資料提出するための事前研究会においては，イギリスのパリッシュについても参考にすべきであるとの意見がだされた。「地域自治組織」に法人格をあたえ，選挙によって長や議員を選び，徴税も行うという案も有力だった。その結果は，まったく異なったものになった。ローカル・ガバメントを3層にするという案は採用されず，なんの実体をともなわないまま，「地域自治組織」は形式的にはガバメントであるという結論が残された。

「地域自治組織」のうち，とくに地域協議会について，ガバメントなのか，ガバナンスの枠組みにとどまるのかということをめぐる議論は，いまだにつづけられている。そして，上越市をはじめいくつかの地方政府において，ガバナンスとしての実体を吹き込もうとする努力が重ねられている。地方政府と地域協議会との関係を，プリンシパル‐エージェントの関係として固定化するのではなく，ボトムアップの枠組みをローカル・ガバナンスとしてかたちづくっていこうとする試みである。

プリンシパル・ストーリー

2006年12月，分権改革推進法が制定され，日本の分権改革は第2ラウンドに入った。分権改革の進展によって，中央政府と地方政府の政府間関係は

プリンシパル‐エージェント関係ではなく，ストーカーがいうように，地方政府が独立採算のフランチャイズになる日がおとずれようとしている。国の所得税から地方の住民税への税源移譲にともなって，住民税は一定税率にあらためられた。これによって，域内格差と同時に，地域間格差が拡大していく。住民税は，もちろん独立変数ではなく，人口と法人の偏在性に絶対的に規定されるからである。人口と法人が多ければ税収は増加し，少なければ減少するのである。

　中央政府と地方政府の政府間関係は，プリンシパル‐エージェント関係をたもちつづけたまま，道州制へと組み込まれていくのだろうが，住民税の基礎税率部分の地方への税源移譲によって，地方政府の政府間関係，すなわち人口と法人の多い地方政府と少ない地方政府の関係が，プリンシパル‐エージェント関係に移行してしまう確率は高くなった。地方6団体が提案した「地方共有税」案は，これまでの地方交付税分を特別会計に入れ，トンネルのかたちで「地方共有税調整金」にしようとするものである。そして，地方消費税の比率を50％に引き上げ，税源移譲された個人住民税の所得割を3％上乗せすれば，国税と地方税の税源配分が5対5になるから，これを自主財源とすることができるとされている。

　ところが，この構想についての検討をおきざりにしたまま，大都市圏と地方圏との地方政府間関係をプリンシパル‐エージェント関係にしてしまう構想が浮上してきた。国を媒介にした地方交付税のかたちをとって，大都市圏から地方圏に財源移譲する地方再生対策費の案がそれであり，地方再生機構を設ける案もある。だが，国は，地方交付税特別会計の借金返済を先送りしているだけにすぎない。この構想は，人口が集中する大都市圏の地方政府と，急激に過疎化する地方圏の地方政府とのあいだで水平的な「段階補正」を行っていくことで，地方政府間関係をプリンシパル‐エージェント関係へと転換させていく契機となる可能性がきわめて高い。

　地方分権改革推進法は，自治体政府と住民が役割分担する「協働自治」を謳い，地方分権改革推進委員会も，「完全自治体」をめざすことを宣言している。だが，プリンシパル（首長）が交代しただけで，「自治の本旨」などすっかりどこかへ飛んでいってしまう地方政府の実態をみせつけられるにつ

け,「協働自治」の主体となるべきプリンシパル・ストーリーの再確認が求められる。

　その意味において,「地方対地方の税源格差」は,分権改革の大きな壁になりつつある。地方政府と市民のガバナンス能力,すなわちガバナビリティのレベルが,またしても問われている。「ローカル・ガバメントの失敗」が結果するまえに,「ローカル・ガバナンス」の枠組みをどのようにつくりあげることができるのか,日本の政治社会も,かじ取りをめぐって大きな転換期にあるといわなければならない。

第2章 市民参加の可能性とガバナンス

松田　憲忠

1　市民参加とガバナンス――今日なぜ市民参加が注目されているのか

　政策策定は，いかにあるべきなのか。社会的に望ましい政策の決定や実施が可能となるシステムとは，いかなるものなのか。より具体的には，市民のニーズはいかにして政策に反映されうるものなのか。市民のニーズの政策への反映のために，市民と政策策定との関係はいかにあるべきなのか。

　こうした課題をめぐって，ガバナンスという視点から政策策定や社会統治をとらえるところに，今日の研究の特徴がある。すなわち，政府が策定する政策に市民のニーズが十分に反映されていないという認識にもとづいて，社会の利益と政策とのギャップを埋めるような社会統治の仕組みの構築が課題となっているのである（新川，2004; 宮川・山本，2002; 中邨，2004）。

　市民のニーズからの政策の乖離は，政府に対する信頼を低下させ，統治における政府の相対化の動きを生んでいる。そこで，ガバナンス研究では，政策策定の担い手としての政府にのみ着目するのではなく，他の多様なアクターを考慮に入れて，それらのアクターによる協働のあり方が探求される。こうしたガバナンス研究の進展にともなって，市民参加の重要性がますます強く叫ばれるようになっている。市民は，みずからのニーズを充足するために，政策策定に積極的に関与して，政府や企業等の他のアクターと協働することが期待される。換言すれば，政府が市民のニーズに目を向けるだけでなく，市民が政府をモニターしていく「コミュニティ・ガバナンス」の枠組が必要とされるのである（山本，2004a, 2004b）。

　市民の政策策定への関与は，政策策定者の行動を変容させ，市民のニーズに近い政策が策定される可能性が高くなる。政策策定の中心にいる議員を例

にとると，再選をねらう議員は，一般の市民の利益を多少なりとも犠牲にしながら支持集団への利益供与を試みる。しかし，市民が政策策定に積極的に関わるようになると，市民の政策策定への注目が高まり，結果として議員は，市民の利益に反するような行動をとりにくくなる（松田，2006a）。このような市民の政策策定への潜在的な影響力をふまえて，今日では市民を政策策定における単なる受動的な存在ではなく，能動的なアクターとしてとらえ（大江他，2006），市民が政策策定において積極的な役割を果たすことを期待し，効果的な市民参加をうながす政策策定システムの考案が進められている。

　本章では，そうした市民参加の仕組みを設計するうえで留意すべき点を考察していくことにしたい。まず，市民参加の主体である市民をめぐる諸問題について検討していく。つぎに，政策策定において行われる決定と市民参加との関係に焦点をあてる。最後に，民主主義における市民参加の意味を整理し，効果的な市民参加の実現に向けて，今後議論すべき課題について示唆する。

2　市民参加と市民

市民参加と市民の範囲——市民参加の「市民」とは誰か

　ガバナンスが注目される今日，新たな政策策定システムの設計をめぐって，市民参加の重要性が強く認識されている。社会の利益を増進させる政策の決定や実施に寄与する手段として，市民参加が期待されているのである。しかし，市民参加がこうした手段として機能するためには，まず市民参加の主体である市民についての考察が欠かせない。そこで，市民参加が認められるべき「市民」の範囲の問題，市民参加に際して市民が直面するさまざまなコストの格差の問題，市民参加に必要な市民の能力の問題の3点をとりあげる。

　政策策定には，多様な市民の利益，意見，ニーズが反映されること，すなわち代表性の確保が求められる。市民参加を取り入れた政策策定における代表性を確保するためには，ある政策によって影響を受ける利害関係者に対して，その政策の策定に参加する権利があたえられることが不可欠である。ここで問題となるのが，利害関係者の範囲である。

A市が産業誘致を計画している状況を想定してみよう。その政策の影響は，近隣のB市やC市にもおよぶと予想される。B市やC市は，A市と同様に，産業誘致の結果として生じうる環境破壊などのネガティブな影響も，また雇用促進や経済発展というポジティブな影響も受ける。他方，A市の財政基盤を支えているのは，おもにA市の市民（納税者）である。このとき，産業誘致をめぐる政策策定への参加は，A市の市民にかぎるべきなのか，それともB市やC市の市民もふくめるべきなのかという問題に直面する。

　また，市民参加の目的や政策策定の段階などによって，参加すべき市民の範囲は異なるはずである。産業誘致政策の基本計画策定の段階における市民参加と，具体的な詳細の策定における市民参加とでは，期待される機能も，参加すべき市民の範囲も異なるであろう。市民参加の機能に応じて，いかなる市民が参加すべきかが検討されなければならないのである（田村，2006）。社会における多様な利益や意見の存在を前提とすると，市民参加における「市民」の定義，すなわち参加適格性についての考察は，政策策定における代表性の確保にはきわめて重要であり，こうした考察にもとづいて，市民参加の仕組みが設計される必要がある。

市民参加と市民の負担
――市民参加にともなうコストに格差は存在しないのか

　つぎに，市民参加に際し，市民が直面するコストに目を向けてみよう。何らかのかたちで定義された市民に対して参加の権利が平等にあたえられたとしても，実際にすべての市民が参加できるとはかぎらない。一部の市民しか実質的に政策策定に参加できないとすれば，こうした政策策定は代表性という点からは望ましくない。まず，市民の参加・不参加を決定づける大きな要因として指摘される機会費用に着目して，市民が直面するコストの問題を考えてみよう。

　伝統的な政治参加の形態として，選挙における投票がある。選挙への参加の程度の低さ（低投票率）が今日しばしば問題視されているが，低投票率が社会的に望ましくない結果を生むと考えられるのは，有権者のあいだに投票の機会費用の格差が大きいときであるということが論証されている（井堀・

土居,1998)。投票の機会費用は,投票をすることで犠牲となる他の活動の機会(レジャー,ショッピングやアルバイト等)の損失を金銭的に評価したものである。

　ある選挙区の有権者が高齢者と若年者から半分ずつで構成され,高齢者からの支持を集めている候補者と若年者から支持されている候補者が立候補している状況を想定してみよう(表1)。もし投票の機会費用が高齢者と若年者で偏りなく存在しているとすれば,選挙結果は選挙区の高齢者と若年者の比率とある程度一致し,高齢者が支持する候補者と若年者が支持する候補者との接戦となるであろう(選挙結果①)。しかし,高齢者に比べて若年者の機会費用が高い場合,選挙結果には,投票に参加しやすい高齢者の意向が,若年者の意向よりも強く反映されることになる。すなわち,有権者のあいだに投票の機会費用が偏って生じていると,選挙結果は,選挙区における有権者の実際の選好分布とは異なった歪んだものとなる(選挙結果②)。

表1　投票の機会費用と選挙結果

	各候補者の支持率・得票率(単位:%)	
	A	B
選挙区内の選好分布	50	50
選挙結果①: 投票の機会費用の偏りなし	50	50
選挙結果②: 投票の機会費用の偏りあり	20	80

候補者Aは若年者から支持され,候補者Bは高齢者から支持されている。選挙結果①は若年者と高齢者とのあいだで投票の機会費用に偏りがないケースであり,選挙結果②では高齢者に比べて若年者の投票の機会費用が高いと想定されている。

　この状況は,市民参加の場合でも起こりうる。政策策定への参加が特定の日時や場所などに設定されると,市民のあいだで参加の機会費用の格差が生じてしまうおそれがある。結果として,一部の市民のみが参加できる状況となり,政策策定で考慮される利益や意見もこの一部の市民のものにかぎられることになる。

市民のあいだに偏在する参加コストには機会費用にくわえて，市民参加にともなう労力や手間などもふくまれる。こうした市民間の参加コストの違いをふまえると，安易な市民参加促進策は危険である。一例をあげると，インターネットが普及している今日，インターネットの利便性を活かして，インターネットをつうじた市民の意見表明や政策討論を推し進めようとする動きがある。しかし，こうした動きは，インターネットに不慣れな人びとには実質的に参加コストの上昇につながり，意思表明の機会が制約される。こうしたインターネットを活用した市民参加を過度に推進すると，政策策定の代表性の見地からは問題が生じてしまうのである。

　さらに，市民参加の機会の平等を考察するうえで考慮すべき参加コストの問題として，市民間での組織化のコストの相違も考慮されなければならない。今日，さきほど述べた統治における政府の相対化にともない，非政府部門の役割が重視され，政府部門に加えて民間営利部門と非営利部門との協働が強調されるようになっている（新川，2004; 横倉，2005）。非営利部門におけるアクターとして注目されているものに，とくにNPOがあげられ，日本ではNPO法（特定非営利活動促進法）などによってこうした組織の活動の支援をめざしている。市民は，政党や利益集団などの組織では代表されないような利益や意見を，NPOをつうじて政策策定に参加することで，政策に反映させることが可能となってきているのである。しかし，NPOを組織するにはコストがともない，組織化のコストの大きさは，さまざまな利益や意見をもつ人びとにとって同等とはかぎらない。

　オルソン（Olson, 1965）によれば，ある利益や意見を共有する人の数が多いほど，組織化はむずかしくなる傾向がある。組織化のコストを負わずに利益のみを享受する（フリーライドする）インセンティブを，各個人がもっているためである。大集団による共通利益の実現に向けた組織化は，組織への参加を強制できるか，または組織に参加した構成員だけに何らかの利益（選択的誘因，selective incentives）を提供できるかどうかに左右される。消費者や納税者のような大集団が，共有する利益が存在するにもかかわらず，組織化することが困難である要因には，参加を強制できないことや選択的誘因を提供できないことが指摘される。ここから示唆されるのは，NPOなどを支

援する動きが活発になっている今日においても，多数の市民にとっての共通利益が存在しながらも，組織化のコストを負担できず，そうした利益が政策策定において表明されていない可能性があるということである．すなわち，NPO などの組織の活動には地域や分野の偏在性が大きく，「ボランタリーの失敗」が生じうる（日高，2004; Salamon, 1995）．その意味で，NPO などの組織に有利な参加の仕組みの構築には，そうした組織によっては代表されない利益や意見が見落とされる危険性が存在するのである．

市民参加の機会費用，労力や手間，組織化のコストなど，参加にともなうさまざまなコストの格差を考慮しないと，市民参加をつうじた政策策定には一部の市民の意見のみが反映されかねないのである．

市民参加と市民の能力──市民参加に必要な能力を市民はもっているのか
市民参加の主体である市民の特性をめぐる第 3 の問題は，市民の能力に関わる．ガバナンスが強調される今日，統治における主要なアクターとして期待される市民は，統治を行うだけの十分な能力，すなわちガバナビリティ（governability）を備えていることが求められる．しかし，市民のガバナビリティには，少なくとも 3 つの点で限界がある（Matsuda, 2007）．

第 1 に，政策策定には高度な専門知識や情報が必要である．そのため，専門知識や情報処理能力を有しない市民には，政策策定への積極的な参加はきわめてむずかしいものとなる．この点を考慮せずに市民参加を促進すると，市民参加は政策の質の低下をもたらしかねない（松田，2006b）．

政策問題についての市民の知識の不十分さは，いくつかの実証研究で明示されている．租税政策を例にとると，所得再分配のあり方は市民の生活に密接に関連しており，社会全体で議論すべき政策問題である．この議論には，税制についての考察が不可欠である．しかし，市民の多くは抽象的な質問に対しては累進課税を支持するいっぽうで，具体的な問いかけになると累進課税への支持は低下する傾向があり，累進課税の概念をめぐる市民の混乱がみうけられる（Roberts et al., 1994）．同様に，租税負担の帰着に関しても，市民の理解の不十分さを指摘した調査もある（Obler, 1979）．

政策問題への市民の関心は，その問題が顕在化すると高まるといわれてい

る（Krosnick 1990; Lavine et al., 1996）。したがって，租税政策のような複雑な政策問題に対して，その問題のセイリアンスが高くなれば，市民はその問題に一層の関心をよせるであろう。しかし，市民が租税に関わる問題に関心をもち，さまざまな情報などを収集し処理しようとしても，市民が財政の現状を理解し，社会の厚生の見地から租税政策案の比較検討を行うことを期待することはむずかしいといわざるをえない。

　第2に，かりに市民が政策問題に対処できるだけの能力を有していたとしても，市民が収集した情報や知識がそれらの問題に対する市民の理解の改善に寄与するとはかぎらない。認知的不協和理論で強調されるように(Festinger, 1957)，人びとは自分たちの当初からの考えや立場と矛盾しないようなかたちで，情報を収集したり解釈したりする傾向がある。そうした情報収集・解釈におけるバイアスは，政策問題についての市民の学習を妨げるであろう。

　第3の市民のガバナビリティの限界は，市民の個人的な選好と社会の厚生とのあいだの不一致である。政策問題のセイリアンスが高くなれば，市民はその問題に強い関心をもつ傾向がある。そこで，政策問題のどの側面に市民は着目するかという問題が浮上する（Miller et al., 2003; 松田，2006a）。市民が顕在化した政策問題に関心をよせるのは，それが社会の厚生にとって深刻な問題であるからなのか，それともその問題が市民それぞれの個人的な利益に大きなインパクトをおよぼしうるからなのであろうか。社会保障を例に考えてみよう。

　社会保障には，公共財の特徴が多くみられる。そのひとつとして，社会保障の費用負担をめぐってフリー・ライドの問題が生じる可能性がある。市民それぞれは逼迫した財政状況においても現行の社会保障サービスを支持するいっぽうで，そのサービスの費用は他人や次世代に負わせようと思うかもしれない。社会保障問題に関してこのような立場をとることは社会的には望ましくないが，その反面，市民の個人的な利益の点では合理的な戦略とみなしうる。社会の厚生を高めることは，市民の個人的な利益の追求とは必ずしも一致しないのである。

　政策策定に市民のニーズを反映させる手段として，今日市民参加が注目されている。しかし，上述のように，市民参加の仕組みの設計には，市民の参

加適格性，市民の参加コストの格差や市民のガバナビリティの限界など市民参加の主体である市民に関わる問題についての検討が求められる。安易な市民参加の導入は，ある特定の利益の優遇や政策の質の低下を招きかねないということに留意しておくべきである。

3　市民参加と決定

市民参加の意思決定——市民のニーズをどうやって集約するのか

　市民参加を，政策策定において行われる「決定」との関係から検討してみよう。第1に，市民参加における決定の問題，すなわち市民参加をつうじて表明される多様な市民の声を集約する集団的意思決定ルールについて考えていく。第2に，政策策定への市民参加の導入が政策の選択（決定）にあたえる影響に関する問題，具体的には市民参加という制度が政策の変革可能性や一貫性にいかなるインパクトをおよぼしうるかについて考察していく。第3に，市民参加の推進には最終的に決定される政策に対する市民参加の影響，つまり市民参加の結果を考慮することが不可欠であるという視点から，望ましい政策とは何かという根本的な問題をとりあげていく。

　市民参加によせられるひとつの期待は，市民による政策策定への関与をつうじて市民のニーズが政策に反映されることである。しかし，市民それぞれがもつ利益や意見は多様であり，市民参加によってそれらすべてを政策に反映させることは，容易には想定できない。政策策定において，社会を構成する個人によって表明される多様な利益や意見は，政策に反映されるべき「市民のニーズ」というものに集約されなければならない。すなわち，市民による集団的意思決定または社会選択（social choice）が行われるのである。

　市民それぞれがもっている利益や意見を集約するには，何らかの集団的意思決定ルールが必要である。ここで，どのようなルールを採用するかという問題に直面する。一般に採用されているルールとして，各人が一票のみを投じ，それを集計して，もっとも多くの票を獲得した選択肢が採択される単純多数決制があるが，このルールから導かれる結果には，市民のニーズが反映されているとはいいがたい選択肢の採択もふくまれる。簡単な例をあげると，

A，B，Cの3つの選択肢があり，それぞれの得票率が90％，7％，3％であったとき，Aが採択される。他方，それぞれが40％，35％，25％の票を集めた場合，採択されるのもAである。どちらのケースもおなじ結果を生むことになるが，集団における意見の分布の違いをふまえると，この集団的意思決定ルールが集団のニーズの反映という点で必ずしも望ましいとはいえないであろう。

　単純多数決制以外にもさまざまな集団的意思決定ルールがこれまで考案され，異なるルールは異なる社会選択の結果をもたらしうることが論証されている（Shepsle and Bonchek, 1997）。表2の右側にはいくつかの一般的な集団的意思決定ルールが示されているが，これらのルールを表の左側の例に適用すると，すべて異なる結果になる。ここで，市民参加を議論する際の根本的な課題のひとつがみえてくる。すなわち，いかなる集団的意思決定ルールによって，市民参加は社会的に望ましい政策策定をもたらすのであろうか。いずれのルールを採用しても，その結果に反発する人びとはつねに存在する。

　表2において単純多数決を採用した場合，グループIは結果に満足するが，他のグループは採択結果や採択方法に対して，市民のニーズの反映という点から批判を展開するであろう。ルールを選択するために市民参加を活用しても，同様の状況が生じる。ルールの採用を決めるための集団的意思決定ルールが必要となるからである。このような社会選択のルールをめぐる問題は，市民による集団的意思決定にかぎられたものではなく，議会における採決にもあてはまる。

表2　集団的意思決定ルールの重要性

グループ	I	II	III	IV	V	VI	
各グループの人数	18	12	10	9	4	2	● 単純多数決（simple plurality voting）⇒ A が選択される　もっとも多くの票（単純多数）を獲得した選択肢が選ばれる ● 単純多数・決選投票（plurality runoff）⇒ B が選択される　得票数上位2位までの選択肢が決選投票に臨み，決選投票は単純多数決で行われる ● 逐次決選投票（sequential runoff）⇒ C が選択される　最少の得票数の選択肢を除いて次の投票を行い，この手続きを繰り返し，最後まで残った選択肢が勝者となる ● ボルダ方式（Borda count）⇒ D が選択される　投票者はみずからの選好順位にしたがって各選択肢にポイントを割り当て，ポイントの合計が最大となる選択肢が勝者となる（通常，投票者の選好順位最下位の選択肢に0点，以後順位が上がるごとに1点多くあたえる） ● コンドルセ方式（Condorcet procedure）⇒ E が選択される　1対1の総当たり戦を行い，すべてのライバル選択肢に勝った選択肢が勝者となる ● 認定投票（approval voting）⇒ D と E が選択される　投票者は，是認する選択肢すべてに1票ずつ投票でき，投じられた票は選択肢ごとに加算され，最多得票の選択肢が選ばれる（左表では，下線が引かれた選択肢から上位のものが是認される）
選好順位 ①	A	B	C	D	E	E	
②	D	E	B	C	B	C	
③	<u>E</u>	<u>D</u>	E	<u>E</u>	D	<u>D</u>	
④	C	C	<u>D</u>	B	C	B	
⑤	B	A	A	A	A	A	

出典：Shepsle and Bonchek, 1997: 168-172.

集団的意思決定ルールの設計には，社会選択のあり方についての規範的議論が不可欠である。規範的議論をふまえて，何らかの正当性が意思決定ルールに付与されないかぎり，市民のニーズの集約のあり方をめぐって解消しがたい対立が生じ，結果として市民参加そのものへの深刻な不信感が生じかねない。

市民参加と政策策定——市民参加によって政策策定はどのように変わるのか

市民が積極的に関与する政策策定を「決定」という側面から考えるとき，市民のニーズをめぐる集団的意思決定にくわえて，市民参加をつうじた意思決定と議会や行政府における意思決定との関係や市民と議員や官僚との関係も検討される必要がある。規範的には議会制民主主義のあり方の再考が求められるが，ここでは，市民参加の採用後の政策策定の姿を描いてみよう。

市民参加という手法は，従来の政策策定システムに市民という新たなアクターを組み入れるものである。したがって，これは，インマーガット（Immergut, 1992）が重視する拒否点（veto points）の増加を意味するものと理解できよう。拒否点とは，政策策定システムにおいて各アクターの影響力行使

を可能とする制度的構造である（新川他，2004）。立法過程を想定すると，法案が可決されるまでには多くの障害物（行政府，政府与党，下院，上院等）を乗り越えなければならないが，この障害物が拒否点である。拒否点にアクセスできるアクターは，そこでみずからの利益や意見を表明し，また不利益をあたえるような政策に対しては強く反対する。他方，アクセスできる拒否点がないアクターは，政策策定において影響力を行使することはむずかしくなる。

　政策策定システムに存在する拒否点の数によって，策定される政策の中身は大きく左右される（Weaver and Rockman, 1993）。拒否点の少ないシステムでは，政府によって提案される政策案が覆される機会が制度的に少ないため，政府は一貫した政策を実施することが可能となるが，その反面，ある特定のアクターの利益や意見が軽視または無視されてしまう傾向が強い（Feigenbaum et al., 1993）。一般的な認識では，現行の政策策定システムにおいて，市民は政策策定に対して制度的にアクセスすることが困難であり，それゆえに市民のニーズが政策に反映されにくい状況となっている。その意味で，市民参加を活用して市民が政策策定に影響力を行使しやすい（アクセスしやすい）拒否点を設定することは，市民のニーズと政策との乖離の解消に有益といえよう。

　しかしながら，拒否点の増加は，政策策定にネガティブなインパクトもおよぼすおそれがある。政策策定システムにおける拒否点の数が多いほど，新しい政策の採用や政策の抜本的な変革は，それらの拒否点で生じる強力な反発により妨げられる可能性が高い（Immergut, 1992）。また，多数の拒否点が存在するシステムでは，異なる目的をもつ政策が相互にうまく調整されないままで実施に移される危険性が大きいことも実証されている（Feigenbaum et al., 1993）。ここから示唆されるのは，市民参加を導入したとしても，現行の政策が維持されるか，または一貫性に欠けた政策策定が行われるかもしれないということである。市民参加が，社会の厚生に貢献するような政策の実現という結果を生むとはかぎらないのである。

　市民参加をめぐっては，その主体である市民に関わる問題にくわえて，市民参加という新しい制度の導入が政策策定全般におよぼすインパクトも検討

されなければならない。市民参加における集団的意思決定ルールや市民参加による拒否点の増加などの分析が，期待される機能を果たすような市民参加の仕組みを構築するためには重要といえよう。

市民参加と政策――いかなる政策をめざして市民参加を導入するのか

　市民参加の必要性が近年強く認識されるようになった背景には，上述したように，最終的に決定された政策と市民のニーズとのギャップと，それにともなう統治における政府の相対化がふくまれる。その意味では，市民参加は社会的に望ましい政策の実現のための一手段であって，政策策定への市民の積極的参加それ自体が目的ではない。それゆえ市民参加は，それによってより望ましい政策が実現されうるかという視点，すなわち市民参加の結果の点から，検証される必要がある。そうした検証の前提として，政策の望ましさや政策をつうじて達成されるべき社会のあり方などの目的の設定が求められ，その目的を達成する手段としての市民参加の有用性が分析されなければならない。

　しかしながら，政策のあるべき姿についての社会的同意を確立することは容易ではなく，この点をふまえないで市民参加を強調することは，市民のニーズの反映に寄与しないおそれがある。このことを，効率性に着眼して検討してみよう。

　政策策定において考慮されるべき価値のひとつに，効率性（efficiency）がある。効率性は，社会の集合的利益に関わる概念であり，効率性に過度の悪影響をおよぼさないような政策策定が求められる（足立，1994）。近年では，行政改革の議論においても，市場原理の導入の根拠のひとつとして効率性の向上が注目されることが多くなっている。社会の集合的利益に関わる効率性の前提は，社会の集合的利益とは社会を構成する諸個人の利益の集合であるということであり，考察されるべきはそれらの諸個人の利益のいかなる組み合わせが社会的観点から望ましいかという点である（足立，1994）。

　完全競争市場における均衡は効率的である（厚生経済学の第一基本定理）というときの効率性が，パレート効率性と呼ばれるものである。パレート効率性基準では，異なる個人の効用（満足度）を単純に比較することは不可能

であるという立場から，各個人の効用をその人の以前の効用と比較する。ある政策によって現在の状態から他の誰にも損失をあたえずに誰かの効用を引き上げることが可能ならば，その現在の状態は効率的とはいえず，その政策の実施はパレート改善をもたらす。他方，誰かの効用を引き下げなければ誰の効用ももはや引き上げることができない状態は，パレート効率的（パレート最適）と呼ばれ，社会的に望ましい状態である。

　パレート効率性基準にしたがうと，政策の実施の結果として何らかの損失を被ると思われる社会構成員が1人でも存在するのならば，その政策は採用されない。表3はA，B，Cの3人からなる社会において，ある政策の実施による各個人の所得の変化を示している。3人とも所得が高いほど効用が逓減的に増加するという選好をもっていると仮定する。表3の政策は，富裕者の利益を多少犠牲にして貧困者の状況の改善をめざす所得再配分の性質をもつ。こうした政策は，社会的に必要なものと認識されることが多い。しかし，この政策は，もっとも貧しいCの所得を増加させるいっぽうで，所得がもっとも高いAに損失をあたえるため，パレート効率性基準からは，この政策は否定的にとらえられる。

表3　政策変化と効率性

	社会構成員		
	A	B	C
政策実施前	1億円	2000万円	500万円
政策実施後	9999万円	2000万円	1500万円
変化	－1万円	±0円	＋1000万円

この政策変化は，パレート効率性基準からは効率的とはいえないが，カルドア基準にしたがえば，効率的なものとなりうる。

　このようなケースは例外的なものではなく，むしろ多くの場合，政策は利害の対立や衝突をともなうものであり，パレート改善を可能とするような政策はほとんど存在しない。こうした問題に対処するための有益な基準のひと

つがカルドア基準である。カルドア基準では，政策実施後の社会の状態についての評価は，ある政策によって利益を享受する人が，損失を被る人に対して補償を行ってもなお利益を確保できるかにもとづく。そうした補償が可能であれば，その政策によって社会の状態は改善されると判定できるのである。表3で示されている政策は，CがAに損失分の1万円を補償してもなお999万円の利益を享受できるので，カルドア基準からは肯定的に評価されうる。

しかし，カルドア基準では，その補償が実際に行われるかは問題とはされず，また補償のあり方も考慮されない。また，異なる個人の効用をいかに比較するかというむずかしい問題も立ちはだかる。さらに，そもそもいかなる効率性の基準にしたがおうとも，効率的な状態は複数存在し，そこには不平等といえるような状態もふくまれうる（表3の政策実施前の状態は，大きな所得格差があるにもかかわらず，パレート効率的な状態のひとつとされる）。効率性の基準では，その複数の効率的な状態をめぐる優先順位を示すことはできない。これらの問題は平等，公平，正義等の衡平（equity）の点から検討されるべきものであるが，しかしながら，衡平をめぐっては，社会構成員のあいだに価値観の深刻な相違があり，どの立場が合理的であるかを決定することはきわめて困難であろう（足立，1994）。

市民参加が望ましい政策の実現のための一手段であるのならば，望ましい政策のあり方やめざすべき社会の姿などの市民参加の目的についての議論が，市民参加の導入の前提となる。この点に留意しないと，市民参加は形式的なものに陥る危険性がある。しかし，政策が満たすべき基準や社会のあるべき状態に関して，社会的な合意を確立することはむずかしい。ここに，政策や社会についての規範的研究が今後ますます求められる根拠のひとつがある。

4 市民参加の可能性——市民参加の推進にはどのような議論が必要か

民主主義において，市民はまさにその中心に位置しており，市民の声は政策策定においてもっとも重要視されなければならない。なぜなら，政策の最終的な影響を受けるのは市民にほかならず，市民こそがその政策の影響について的確な意見を表明できるからである（阿部，1973）。したがって，民主

主義における政策策定をめぐっては，市民がもっているそのような意見ないしは知識，すなわち「普通の知識（ordinary knowledge）」や「現場の知識（local knowledge）」をいかにして政策策定に組み込んでいくかについての考察が重要である（秋吉，2003, 2004; Bryant, 2002）。その意味で，政策策定への市民の関与のあり方や市民参加のあるべき姿をめぐる問題は，近年になって浮上してきたものではないといえよう。それは，古くから探求されてきた研究テーマであり，今後もつねに議論の対象とされなければならない。では，市民参加についての今日の議論には，いかなる特徴がみられるのであろうか。

　近年のガバナンスへの着目は，政策策定システムを市場システムに喩えて説明することができる（Matsuda, 2007）。政策がつくりだされる政治マーケットには，一種の参入規制が存在し，議員，官僚，利益集団などのかぎられたアクターのみが政治マーケットに参入することが許されてきた。しかし今日，このマーケットで生産される製品（政策）に対して多くの消費者（市民）が強い不満を抱くようになり，何らかの規制緩和（参入規制の撤廃等）が必要であるという認識が広まってきている。すなわち，多様なアクターが政策策定に参加し，お互いに協働することが期待されるようになってきているのである。こうした認識のひとつの表れとして，政策策定への市民の積極的な関与が叫ばれていると理解できよう。

　しかし，規制緩和には一般に，システムの改善に寄与することが期待されるいっぽうで，システムに対する何らかのネガティブなインパクトをおよぼす危険性がともなう。そこで，そうした規制緩和を行うとき，ネガティブなインパクトを軽減するための措置が同時に施されることが求められる。これまで，市民参加が政策策定に対しておよぼしかねないネガティブなインパクトをいくつか指摘してきた。市民参加の参加適格性，市民参加のコストの格差，市民のガバナビリティの限界，市民参加における意思決定ルールの選択，市民参加にともなう拒否点の増加などの問題に含意されることは，市民参加の導入が必ずしも政策策定の改善をもたらさない。すなわち，政策策定への市民の積極的な参加は，政策策定の改善の十分条件ではないといえよう。

　また，市民のニーズを反映した政策の策定を実現するための手段として市民参加をとらえるかぎり，市民参加は他の手段との比較にもとづいて評価さ

れなければならない。さらに，市民参加の実施にともなうさまざまなコスト，拒否点の増加等による政策策定への影響を考慮すると，市民参加が他の手段より優れているとは安易には結論できないであろう。その意味で，市民参加は，政策策定の改善のための必要条件とはかぎらないのである。市民参加を政策策定の改善の有効な手段として主張するためには，まずいかなる政策が望ましいか，いかなる社会がめざされるべきかなどについての十分な検討が不可欠であり，そのうえで，望ましい政策の策定や社会の確立に市民参加がいかに貢献しうるかが分析される必要がある。しかし，上述のように，政策や社会が満たすべき諸条件について市民の価値観は多様であり，社会的な合意の達成は容易ではない。

　以下では，こうした市民参加のネガティブなインパクトを軽減するための方策を考案するうえで今後検討すべき課題について示唆しておきたい。第1は，市民のガバナビリティの向上である。上述のように，社会を積極的に統治するアクターとして近年注目される市民は，それを行うための十分な能力（ガバナビリティ）を有しているとはいいがたい。市民参加に期待される機能が果たされるためには，市民のガバナビリティの向上は不可欠である。複雑な政策問題についての専門知識の市民の習得に関しては，政策分析者による専門知識の市民への提供が近年注目されているが（秋吉，2003, 2004; 武智，2002, 2004），専門知識をいかなるかたちで市民に提供すべきであるかという知識活用の視点が重要となる（松田，2006b; Matsuda, 2007）。

　また，市民の情報収集・解釈におけるバイアスや，社会の集合的利益に対する個人的な利益の過度な重視に対処する方策としてしばしば市民教育があげられる。しかし，教育の効果には個人差があり，教育の結果として必ずしもすべての市民が社会の統治に貢献するような行動をとるとはかぎらない。そこで，社会に非協力的な人びとが協力的な人びとを搾取しないような制度の設計が求められる（山岸，2000）。このように，市民のガバナビリティを向上させる手段の考案には，市民の心理的な特性のみきわめが必要であり，市民に関する社会心理学的研究や政治過程分析を進めていくことが求められる。

　第2の研究の方向性として，市民参加の導入後に繰り広げられる多様なア

クターのあいだのインターアクションや，最終的に策定される政策についての考察がある。市民参加の導入を検討していくうえで，市民参加の結果についての予測が重要な判断材料となる。市民参加が採用されると，政策策定に関与するアクターの数が増え，しかもそれらのアクターの利害は対立する可能性が高い。さらに政策策定が制度的に複雑になることもふまえると，市民参加がいかなる政策につながるかを推測することは容易ではない。そこで，市民参加の手法が採用されているまたは採用されたことのある国や地域の実証的な分析は，多くの示唆に富むであろう。しかし，市民参加に関する的確な事例を発見できない場合は，演繹的な分析が有用である。現実にはまだ採用されていない政策や制度の分析は，その政策や制度がもたらす影響等を帰納的に引きだすことが困難であるからである（松田, 2006a）。ゲーム理論は，演繹的な分析を進めるためのひとつの理論であるが，近年では日本においてもゲーム理論を活用した市民参加の研究が行われている（吾郷, 2006; 谷下, 2001）。これらの研究では，いかなるルールや環境において市民参加がいかなる結果をもたらすかという問題に対して，演繹的な推論を展開し，市民参加の制度設計に貢献するものとして評価できる。

　第3に，策定される政策が満たすべき諸条件やめざすべき社会のあり方などに関する規範的な議論が求められる。市民参加を政策策定の改善のための手段としてとらえるかぎり，目的である政策策定の改善の意味するところが明確にされる必要がある。さもないと，手段である市民参加の是非を検討することがきわめて困難になる。市民参加をつうじて達成されることが望まれる社会の状態について，十分な考察が行われなければならない。規範的な議論には，市民参加の正当性もふくまれる。具体的には，市民参加にもとづく意思決定と議会での意思決定との関係に関する規範的な研究は，市民参加の仕組みの設計には重要である。

　また，市民とは誰なのかという問題，すなわち参加適格性の問題も検討されるべきであろう（田村, 2006）。政策に反映されるべきニーズとは誰のニーズなのか，いかなる範囲の市民が政策策定に参加すべきなのか，参加の資格は個人にも団体にもあたえられるべきなのか，市民参加をつうじて表明された多様な意見をいかに集約すべきかについての議論の展開が期待される。

ガバナンスが注目される今日，政策策定システムの再考が求められている。市民は，そのシステムにおける重要なアクターとして認識され，市民の政策策定への積極的な参加が強調されている。しかし，政策策定において市民が期待される役割を果たし，市民のニーズを反映した政策が策定されるためには，市民参加についての綿密な分析が欠かせない。市民参加の可能性は，めざすべき社会のあり方に関する研究と，市民参加が政策策定に対しておよぼしかねないネガティブなインパクトに対する対処法の考案に大きくかかっているのである。

第3章　ローカル・ガバナンスと意思決定への参加
住民自治と住民投票

岡本　三彦

1　ガバナンスと意思決定への参加

　ガバナンスという用語は，政治学，行政学，国際関係，経済学などのさまざまな分野で頻繁に使われている。しかしながら，ガバナンスとは何かという問いに対する答えは，分野によっても，論者によっても多様である。また，ガバナンスは，よく使われていることばの割には，日本語の定訳がない。
　ガバナンスの内容は，それぞれの文脈によっておなじではないが，いずれの場合にも，利害関係者が共同で問題解決に向けて取り組むことという点では共通している。つまり，コーポレート・ガバナンスならば，企業の利害関係者が共同で目的を達成するための活動ということになるであろうし，コミュニティ・ガバナンスということであれば，コミュニティの利害関係者が共同で対象に取り組むということになろう。そのように考えるならば，ローカル・ガバナンスとは，地方のレベル，とりわけ地方自治体における利害関係者が共同で目標（問題解決）に取り組むこととなる。この場合，重要なのが，利害関係者が共同で取り組むというところである。
　地方自治体の利害関係者には，首長や議員，自治体職員が考えられるが，そもそも納税者であり，サービスの受給者でもある住民が自治体の「主権者」である。したがって，住民が問題解決に関与し，参加していくことは本来ならば当然のはずである。ところが，間接民主制においては，実際には住民が意思決定に関与できる余地は少ない。しばしば首長と議会とのあいだで意思決定が行われた後で，関係する住民の協力をえるために説明会や形式的に「タウンミーティング」を開催するようなことがある。しかし，このようなやり方では，真の協力をえるのがむずかしいだけでなく，かえって協力を

えるまでにかなりの時間を必要としたりすることがある。自治体のガバナンスというと効率性や能率性に関連づけて論じられることが多いが，民主性の視点も不可欠である。効率性と民主性の両立という観点からも，問題解決のためには住民が意思決定に参加していくことが望まれる。

そこで，本章では，広範な住民参加を可能とする直接民主制を中心にローカル・ガバナンスのあり方を検討していくことにする。直接民主制では，住民の多くが意思決定に参加できるのが特徴である。つまり，すべての有権者が参加を認められる住民総会であり，住民投票，住民発議である。ただし，日本では，住民総会を実施している自治体はひとつもない。したがって，本章では，意思決定に参加する手段として，とくに住民投票を中心に議論する。まず今日の日本の状況について述べ，つぎに直接民主制に関して豊富な実績を有するスイスの状況について論じる。そこから，住民投票の可能性と問題点を探り，ローカル・ガバナンスと住民投票との関係について考察していきたい。

2　日本における直接民主制——直接民主制をめぐる日本の現状

現行法規における直接民主制

現代の日本人にとって直接民主制はあまりなじみのないものである。だが，それは決して私たちと無関係であることを意味していない。日本では，現行法で，つぎのような国民（住民）投票制度がある。

日本国憲法は，第96条で，同憲法改正に際して，国民投票を義務づけている。現行憲法の改正を公言する安倍晋三政権が「国民投票法」制定に積極的であったのは，憲法を改正するにはどうしても国民投票を実施しなければならないにもかかわらず，その手続きを定めた法律がなかったからである。

日本国憲法はまた，第95条において，特定の自治体にのみ適用される特別法については当該自治体の有権者による住民投票を必要であると規定している。特別法の住民投票は，1950年前後に広島市や長崎市などで実施された例（15例18自治体）はあるが，最近は実施されていない。

憲法以外にも，地方自治法では，直接請求制度が定められている。このな

かで，地方議会の解散，地方議員，首長，役職者の解職請求（リコール）に関しては住民投票を実施することになっている。リコールで住民投票が実施された場合，住民の直接投票の結果が最終的な決定となる。このように，現在の日本にも国民投票・住民投票の仕組みがある。また，市町村合併について定めている市町村の合併に関する特例法は，2002年の改正によって，合併予定の市町村間で設置する合併協議会に関して住民投票を認めている。ただし，地方自治法の定める直接請求は直接民主制の一種であるが，条例の制定，改廃請求の採否については議会が決定することになっており，住民が直接関与できないのであるから，直接民主制としては十分とはいえない。

　なお，地方自治法には，直接民主制のもっとも基本的な形態である住民総会（町村総会）に関する規定がある。第94条は，町村においては議会をおかずに，選挙権を有する者の総会を設けることができるとしている。つまり，市は必ず議会をおかなければならないが，町村については議会のかわりに，有権者からなる総会をおくことができるのである。ただし，町村総会は，かつて東京・八丈島（八丈小島）の宇津木村などで行われていた例があったものの，現在では町村総会を実施している自治体はひとつもない。

住民投票条例と住民投票

　ところで，1990年代半ばになると，こうした法律で定められた国民投票，住民投票とはべつに，個別の事案（争点）について住民投票を求める動きがでてきた。地域に重大な影響をおよぼすような事業に対して，住民投票の実施を求める動きである。しかしながら，日本の現行法規には，このような住民投票を実施しようとしても，直接，それを規定するものがない。そこで，対象となる事案に関して住民投票を実施しようとするには，住民が住民投票についての条例を制定するように議会に請求するか，あるいは議員や首長が提案して，議会で個別の条例を制定したうえで，住民投票を実施するという手続きをふむことになる。

　そうした条例にもとづいて住民投票を実施した最初の例が，1996年8月に実施された新潟県巻町の原子力発電所建設の是非をめぐるものであった。その後，沖縄県の米軍基地整理縮小や岐阜県御嵩町の産業廃棄物処分場建設

など自治体が個別の事案に関して住民投票条例を制定して 2005 年 10 月までに 15 件の住民投票が実施されてきた（表 1 参照）。

表 1　条例にもとづく住民投票の実施事例

【個別設置型条例にもとづく実施事例】　　　　　　　　　　　　　　　　（2006 年 8 月 31 日現在）

	件　名	自治体名	提案者等	投票日	投票率
1	原子力発電所の建設	新潟県巻町	直接請求	1996 年 8 月 4 日	88.3%
2	米軍基地の整理縮小	沖縄県	直接請求	1996 年 9 月 8 日	59.5%
3	産業廃棄物処理施設の設置	宮崎県小林市	直接請求	1997 年 11 月 16 日	75.9%
4	米軍ヘリ基地の建設	沖縄県名護市	直接請求	1997 年 12 月 21 日	82.5%
5	産業廃棄物処理施設の設置	岐阜県御嵩町	直接請求	1997 年 6 月 22 日	87.5%
6	産業廃棄物処理施設の設置	岡山県吉永町	直接請求	1998 年 2 月 8 日	91.7%
7	産業廃棄物処理施設の設置	宮城県白石市	市長	1998 年 6 月 14 日	71.0%
8	産業廃棄物処理施設の設置	千葉県海上町	町長	1998 年 8 月 30 日	87.3%
9	採石場の新設・拡張	長崎県小長井町	町長	1999 年 7 月 4 日	67.8%
10	吉野川可動堰の建設	徳島県徳島市	議員	2000 年 1 月 23 日	55.0%
11	原子力発電所の誘致	三重県海山町	町長	2001 年 11 月 18 日	88.6%
12	原発プルサーマル計画の導入	新潟県刈羽村	直接請求	2001 年 5 月 27 日	88.1%
13	産業廃棄物処理施設の設置	高知県日高村	直接請求	2003 年 10 月 26 日	79.8%
14	新市の地名	兵庫県一宮町	町長	2005 年 1 月 9 日	41.6%
15	都市計画事業	千葉県袖ケ浦市	直接請求	2005 年 10 月 23 日	58.0%

【常設型条例にもとづく実施事例】

	件　名	自治体名	提案者等	投票日	投票率
1	米空母艦載機移駐案受け入れ	山口県岩国市	市長	2006 年 3 月 12 日	58.7%

注：個別設置型，常設型のいずれも市町村合併をテーマにした住民投票については，事例多数につき省略している。
出典：川崎市住民投票制度検討委員会「住民投票制度の創設に向けた検討報告書」2006 年，53 頁。

ただし，実際には，住民が住民投票条例の制定を直接請求で求めても，議会で否決されることが多く，可決されたのは 20% に満たない。これは首長が住民投票条例を提案した場合には 90% が可決されるのに比べて対照的である（図 1 参照）。

図1 1979年以降の住民投票条例の議決件数（1034件中）に占める直接請求，議員提案，首長提案の内訳およびその可決率（2006年4月末まで）

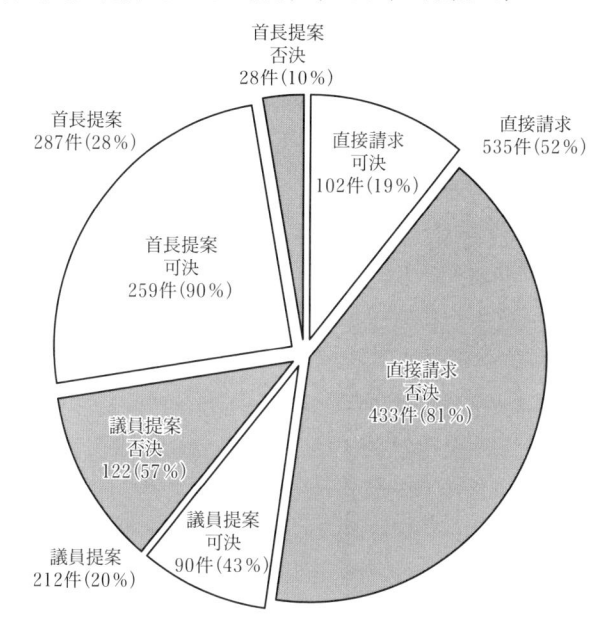

- 首長提案 否決 28件(10%)
- 首長提案 287件(28%)
- 首長提案 可決 259件(90%)
- 直接請求 可決 102件(19%)
- 直接請求 535件(52%)
- 直接請求 否決 433件(81%)
- 議員提案 否決 122件(57%)
- 議員提案 可決 90件(43%)
- 議員提案 212件(20%)

出典：住民投票立法フォーラム「住民投票の10年 ── 総括と提言のための市民会議［討議資料］」，2006年，資料B。

これに対して，最近では問題が生じるごとに住民投票条例を制定するのではなく，一定数の住民から請求があれば，当該自治体の事柄について，必ず住民投票を実施するという「常設型」の住民投票条例を制定する地方自治体もでてきた（表2参照）。

表2 常設型住民投票条例の設置状況

(2006年8月31日現在)

	自治体名	条例名	提案者等	施行日
1	愛知県高浜市	高浜市住民投票条例	市長	2002年 9月 1日
2	埼玉県富士見市	富士見市住民投票条例	市長	2002年12月20日
3	埼玉県上里町	上里町住民投票条例	町長	2003年 4月 1日
4	埼玉県美里町	美里町住民投票条例	町長	2003年 4月 1日
5	群馬県桐生市	桐生市住民投票条例	市長	2003年 7月 1日
6	広島県広島市	広島市住民投票条例	市長	2003年 9月 1日

7	石川県宝達志水町	宝達志水町住民投票条例	町長	2004年 1月 1日
8	埼玉県坂戸市	坂戸市住民投票条例	市長	2004年 4月 1日
9	千葉県我孫子市	我孫子市市民投票条例	市長	2004年 4月 1日
10	広島県大竹市	大竹市住民投票条例	市長	2004年 6月 1日
11	埼玉県鳩山町	鳩山町住民投票条例	町長	2004年 12月 7日
12	北海道増毛町	増毛町民投票条例	町長	2004年 12月 22日
13	大阪府岸和田市	岸和田市住民投票条例	市長	2005年 8月 1日
14	三重県名張市	名張市住民投票条例	市長	2006年 1月 1日
15	神奈川県逗子市	逗子市住民投票条例	市長	2006年 4月 1日
16	山口県山陽小野田市	山陽小野田市住民投票条例	市長	2006年 7月 1日
17	神奈川県大和市	大和市住民投票条例	市長	2006年 10月 1日

注：市町村合併によりすでに失効したものについては除いてある。
出典：川崎市住民投票制度検討委員会「住民投票制度の創設に向けた検討報告書」2006年，56頁。

　ところで，2000年以降，住民投票の件数はいちじるしく増加する。市町村合併の是非をめぐる住民投票が行なわれるようになったからである。とくに2002年の市町村合併特例法の改正で合併協議会に関する住民投票が認められ，そうした流れを受けて合併の是非についても住民投票条例を制定して住民投票で合併の是非を問う自治体が多くなったからである。市町村合併は国が積極的に進めてきたものであり，市町村合併に関する住民投票に対する国の肯定的な態度は，原子力発電所の建設や国の公共事業などをめぐる住民投票に対する否定的な対応とは非常に異なっている。市町村合併については，当初，自主的な市町村合併を唱えていた国であるが，首長や議員の反対などがあり，思うように進まなかったために，合併特例法で合併協議会の住民投票を認め，住民投票を梃子に合併を促そうとしたという思惑があったことも否定できない。

　1996年8月から2006年4月までの約10年間に実施された住民投票は364件であるが，そのうちの348件（96％）が市町村合併に関係するもの（「合併の是非」の他に「合併特例区長候補の選出」「合併協議会設置の是非」などをふくむ）であった（住民投票立法フォーラム，2006）。自治体の将来を左右する合併に関して住民投票を行うようになったことはローカル・ガバナンスの観点からすれば大きな前進といえるかもしれない。とはいえ，合併以外の事案に関する住民投票が16件（4％）では，あまりにも少ないように思われる。

住民投票をめぐる議論

　ガバナンスの観点からすれば，首長や議員だけでなく，住民が何らかのかたちで自治体の意思決定に参加することは必要である。もちろん，住民参加の手法にはさまざまなものがあるが，意思決定にすべての有権者が参加できる現実的な仕組みは住民投票である。

　ところで，日本において住民投票を求める声が高まってきたのは1990年代に入ってからである。とくに，1996年8月に新潟県巻町で実施された住民投票は象徴的であった。だが，この時期に住民投票が増加してきたのは，日本だけではない。「直接民主制の母国」で住民投票に関しても長い歴史を有しているスイスやアメリカの州では例外的に実施件数が多いが，ドイツやフランスなど他のヨーロッパ諸国でも1990年代に入ってから住民投票が制度化され，また実際に住民投票が実施されている（Council of Europe, 1993）。背景には，自分たちの地域のことは他人まかせにせず，住民もみずから関与して，決定していくという考えがあり，まさにローカル・ガバナンスを実現しようとする動きと合致する。

　日本においても，住民投票を積極的に評価し，地域のことは住民投票によって有権者の判断を求めるべきである，という意見は少なくない。政党でも，民主党，共産党，社民党はそれぞれ住民投票に関係する法案を示している。また，市民団体「住民投票立法フォーラム」のように，住民投票を積極的に評価し，住民投票の活動を広げてきた団体もある。住民投票のメリットとしては，自治体の政策に住民の意思を直接反映できる，政治的教育の機会を提供する，議会の議論の停滞や機能障害を打破できるなどが指摘されている（木下，1999; 大杉，2003）。

　ところが，日本においてはこれまで住民投票に対する評価は必ずしも高いものではなく，住民投票の実施に慎重な意見も少なくない。とくに閣僚や与党の議員の中に，住民投票に批判的な意見が多い。政府が推進しようとしていた吉野川可動堰の公共事業に対する住民投票が2001年1月に徳島市で実施された前後に，住民投票を批判して「民主主義原理の履き違え」「民主主義の誤作動」と発言した閣僚もいた。

　住民投票に慎重な意見としてはおおむねつぎのようなものである（原田，

1996; 木下, 1999; 大杉, 2001)。まず, 住民投票によって首長, 議会が責任を回避したり, 責任の所在が不明確になったりするという意見である。また, 投票結果が僅差の場合は, 住民のあいだにしこりや亀裂を生み, 地域内の対立が激化するという主張もある。さらに, 住民は総合的, 専門的な判断ができないことから, 住民投票の結果はその時々の情緒によって左右され, 合理的な決定に至らないという。くわえて, 住民投票は, 少数者のエゴ, 地域エゴを生み出す反面, 投票の結果によっては少数者に犠牲を強いることになるという主張もある。

しかし, ここで指摘されているようなことは, 間接民主制において議員や首長による意思決定の場合にも起こりうることであって,「住民投票では……」というのは必ずしも正しいとはいえない。たとえば, 首長, 議会の責任回避という問題は, 住民投票の対象と, それぞれの役割分担を明確にしておけばよい。また, 対立の激化という問題も, 住民投票だから起きるというものではない。さらに, 住民は専門的な判断ができないというのであれば, 議員ならば的確な判断ができるのかという反論もあろう。少数者に犠牲を強いるということについても, 首長や議会の判断が公平で, 少数者の権利が保護されるとはかぎらないといえよう。

ともあれ, 議員, とりわけ与党の議員からは批判の多い住民投票制度であるが, これまでつねに住民投票が否定されてきたわけではない。すでに述べたように, 1950年前後には憲法第95条の特別法に関して広島市や長崎市などで住民投票が実施されている。戦後の一時期に, 一定の人口規模以上の市町村に存在した旧警察法の「自治体警察」の廃止についても, 住民投票が行われている。また, 最近でも, 市町村合併（合併協議会の設置）をめぐる住民投票については, 合併の是非もふくめて数多く実施されている。したがって, 今日では, 住民投票が政治参加のひとつの手段として十分に認識されているといえる。ただし, 1990年代半ば以降に実施された住民投票で, 市町村合併に関係しないものは, 1割にも満たない。つまり, 政府, とくに国の進める政策にとって有利に働くと考えられるものについては住民投票を積極的に取り入れ, そうではないものについては消極的な態度をとっているように思われる。その意味で日本の住民投票は, 後で述べるように,「下から」

のレファレンダムではなく,「上から」のプレビシットであるといえる。住民投票や国民投票といった制度は，いつ，どこで，誰が，何を対象に，どのように用いるかということによって，結果にも大きな影響をあたえる。とくに，住民投票に関係する恣意性を排除することは重要である。そこで，つぎに，直接民主制の長い歴史と伝統を有する住民投票の「先進国」スイスの状況について検討することにしたい。

3　スイスにおける直接民主制

スイスの現状

スイスは現代の民主国家においては直接民主制が普及している国家である。ただし，スイスにおいて直接民主制とは，住民総会のように有権者が直接集まって討論し，決定に至ることをいい，住民投票や住民発議などは直接民主制と区別して，「半直接民主制」ということがある（Linder, 1999: 235-240）。ただし，本章では，それらを厳密に区分しないで，いずれも直接民主制の手段として論じていく。

ところで，スイスでは直接民主制は連邦，州，地方自治体の各レベルにおいて採られている。なかでももっとも顕著なのが自治体においてである。とくに有権者が集まって，事案について議論して，議決する住民総会は80％以上の自治体で行われている。ちなみに，州レベルで州民投票を実施しているのは，26州のうち2州だけである。また，議会制を採用する自治体においても住民投票，住民発議の制度がある。ローカル・ガバナンスを地方自治体における利害関係者が共同で目標に取り組むこと，そしてできるかぎり住民が意思決定に参加していくこととらえるならば，スイスの自治体にこそローカル・ガバナンスのための制度が備わっているといえる。とはいえ，制度があるということと，それが機能しているということとは必ずしもおなじではない。そこで，スイス最大の都市であるチューリヒ市を中心に住民投票の現状と課題について論じていきたい。住民総会を実施している自治体がひとつもない日本の現状を考えると，住民投票を実施している都市を考察したほうが参考になると思うからである。

住民投票の制度
(1) 現状

スイスの自治体のうち約20％が，立法部として議会を置いて代議制をとっている。民主主義の理念からすれば，有権者が直接討論して決定する住民総会が望ましいといえよう。だが，総会が困難で，自己決定権を保障するシステムの「次善の策」として住民投票を制度化しているところが都市を中心に人口の多い自治体にみられる。

住民投票に参加できるのは，当該自治体に居住する有権者である。なお，自治体や州のなかには居住年数など一定の要件を満たした外国人にも投票を認めているところもある。

スイスの住民投票には，必ず実施しなければならない「義務的住民投票」と，有権者が一定の署名を集めて請求することで実施することになる「任意的住民投票」がある。

住民投票の回数は，一般に年4回である。チューリヒ市の場合，原則として3月，6月，9月，12月というように3ヵ月ごとに実施されている。1回に1件の事案しかない場合もあれば，3〜4件の事案の場合もある。また，連邦や州の事案があっても，市に関する事案がないときもある。結局，さまざまな選挙もふくめると，スイス国民の多くは，年に4〜6回の投票機会がある。件数としては，有権者は年間15件から20件程度の事案（政策）について判断を求められることになる。

(2) 住民投票の投票率

住民投票の投票率は，住民総会の参加率と同様に，漸減傾向にある。チューリヒ市でも，70年ほど前の1933年には，年間の平均投票率は70％近くあった。それが，第2次世界大戦後になると50％程度に低下し，さらに80年代以降は50％を超えることがなくなった。現在では，住民投票の投票率は平均すると40％程度となっている（岡本，2005: 184-187）。ちなみに，2000年以降の住民投票の投票率では，最高が55.0％で，サッカー・ヨーロッパ選手権のためのスタジアム建設をめぐって2005年6月5日に実施されたもので，最低は23.3％で，2002年4月7日に実施されたゲマインデ条例（自治

体基本条例）をめぐるものであった。

　住民投票の投票率低下についても，スイスではそれほど深刻な問題としては考えられていない。有権者の利害が絡む提案であれば，投票率は高くなる傾向にあるのだから，投票率の低さはそれほど深刻なことではないという考えが背景にある。住民投票の投票率が10％を割るようなことになれば，住民投票の民主的な正当性が問われる事態にもなりかねない。ただし，現在のところまだそれほど深刻な事態には至っていないといえよう。

⑶　住民投票の対象項目

　スイスでは，必ず投票を実施しなければならない義務的なもの（義務的住民投票）についてはポジティヴ・リスト（住民投票の対象となるものを列挙）にして対象を明らかにし，有権者などからの請求によって投票を実施する任意的なもの（任意的住民投票）についてはネガティヴ・リスト（住民投票の対象にできないものを列挙）にする場合が多い。たとえば，チューリヒ市の自治体基本条例の（Gemeindeordnung der Stadt Zürich vom 26. April 1970 mit Aenderugn bis 7. April 2004）では，つぎのように規定されている。

　義務的住民投票の対象とされるのが，①自治体基本条例，②他の自治体との合併や事務組合の創設，③自治体区域の変更，④一度に2000万フラン（約20億円）を超える特定目的のための支出（1フラン＝約100円で計算），⑤企業への出資，保証金，および2000万フラン以上の額の無利子融資，⑥義務的住民投票に関する住民発議である（自治体基本条例第10条）。

　これに対して，任意的住民投票については，市議会や有権者からの請求があった場合に実施されることになる。具体的には，①議決の際に出席していた市議会議員の過半数がおなじ会期中に住民投票を議決した場合，②議決の公示から20日以内に少なくとも4000人の有権者が，また任意的住民投票の領域に関する国民発議を却下した場合には少なくとも2000人の有権者が，市参事会に住民投票の実施を書面で請求した場合，③議決の公示から20日以内に，市議会議員の3分の1が市参事会に住民投票の要求を書面で提出した場合などである。ただし，市議会が，出席議員の5分の4以上の多数でもって明確に議決し，さらに市参事会が同意する場合には，住民投票の実施に

関する請求は却下される（自治体基本条例第12条）。

　任意的住民投票は，ネガティヴ・リストのかたちで示されており，①（議会が行うべきこととされている）選挙，②年次予算，税率の確定，および追加公債の承認，③年次決算および事業報告書の検査，④施行規則の適用に関する議決，④住民発議の妥当性，および支持に関する議決，⑤州議会に対する住民発議，⑥市職員の給料に関する議決などについては，住民投票の対象とはならない。これらの多くは，もっぱら議会が行うこととされている議会の専決事項である。ぎゃくにいうと，ここで対象外とされているもの以外は，原則として住民投票の対象となるということである。ただし，連邦や州の法規など，チューリヒ市に関係のない事項については，当然ながら対象とならない（自治体基本条例第14条）。

　ところで，スイスの住民投票で特徴的なのが，一定の財政支出をともなう事業については住民投票の対象になるということである。連邦レベルには，財政の国民投票はないが，ほとんどの州と自治体にはその住民投票がある（財政レファレンダム）。チューリヒ市の自治体基本条例第10条には，義務的住民投票の対象となる財政支出額として，一度限りの特定目的の支出については2000万フラン以上，そして企業への出資，保証金，無利子融資については2000万フランを超えるものとなっている。また，数次にわたる特定目的の支出については，100万フラン以上が対象となる。これらの金額以下のもので市議会に権限のある支出であっても，議員の過半数あるいは出席議員の3分の2以上の同意があれば，住民投票にかけられることになっている。

　2000年から現在まで住民投票の対象となった57件の提案根拠について，①自治体基本条例，②公債（債務），③支出，④住民発議，⑤議会の請求，⑥その他の6つに分類すると，もっとも多いのが，公債（債務）に関するもので20件，全体の35.1％を占める。つぎに，自治体基本条例に関するものが13件（22.8％），支出に関するものが11件（19.3％）とつづく（図2参照）。つまり，住民投票の事案となった分野では，市の財政に関するものが半数以上を占めている。ちなみに，ここでいう住民発議とは，有権者4000人以上の署名とともに市議会議長に提出された発議か，個人が発議したもので市議会議員の42人（定数は125人）以上の支持があったものをいい，要

件を満たしている発議が議会で否決された場合に住民投票にかけられることになっている（自治体基本条例第 15 条）。

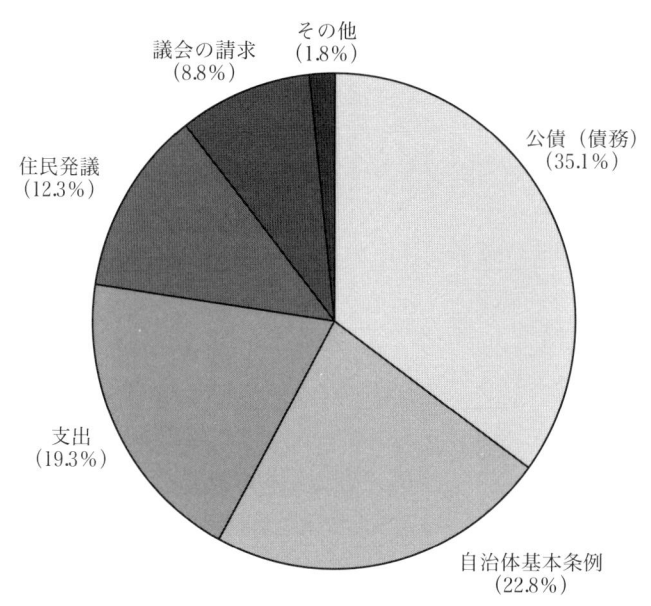

図2　チューリヒ市における住民投票の提案根拠（2000 年 − 2006 年）

- その他（1.8%）
- 議会の請求（8.8%）
- 住民発議（12.3%）
- 支出（19.3%）
- 自治体基本条例（22.8%）
- 公債（債務）（35.1%）

出典：Statistisches Amt der Stadt Zürich, *Statistisches Jahrbuch der Stadt Zürich*, の 2000 年から 2006 年までの各年版により作成。

直接民主制の対象事項にともなう課題

ところで，直接民主制では，何を事案にするかによって大きな問題に発展することがある。1999 年，ルツェルン州のエンメン（Emmen）でおこった事件は，当時，大きな話題になった。エンメンの住民数は 2 万 6885 人で，スイスで 21 番目に住民の多い都市である（2006 年 1 月 1 日現在）。同市では，一定の要件を満たした移民が市民権取得の申請をした場合，市民権を付与するか否かは，住民投票で決定する（ただし，チューリヒ市のような大都市では議会が決定する）。このときの住民投票によって市民権を認められたのは 8 人のイタリア人だけで，旧東欧諸国出身の 48 人については認められなかった。これについては，当時，内外から非常に多くの非難があった。国籍に

よって，市民権取得の差別的な取り扱いがあったということである（奥田，2004）。

しかし，エンメンの有権者の多くは，当初これをとくに問題と考えてはいなかったようである。自分たちの地域共同体の仲間として外国出身者を受け入れるか入れないかは，当然，先住の有権者が判断する権利を有するということである。

自治体の住民に共同体の意識が強いということであれば，自分たちが新しい移民を受け入れるか否かを決定する権限があると考えるのは不思議ではない。スイスは，ヨーロッパの国のなかでも外国人の比率が多い国である。したがって，連邦レベルおいてすら，外国人の権利をめぐる問題について2006年9月24日に実施された外国人の移住の要件をきびしくする外国人法をめぐる国民投票でもすべての州で厳格化賛成が多かった。共同体が閉鎖的で，排他的であれば，なおさらそうした傾向は強い。そのように考えるならば，このようなエンメン有権者の反応はとくに不思議なことではないし，また住民総会で新しい移民を受け入れるのに際して個人情報が公表されることは当然なのかもしれない。

とはいえ，旧来の小さな地域共同体としての自治体と，国際化によってヒト，モノ，情報の流動性が高くなった現在の自治体とでは，個人の考え方や組織のあり方も違うのであって，当然に住民投票の対象となる事項も変える必要があるのかもしれない。住民投票の制度，とくにその対象となる事案も，時代の流れに合わせることが求められる。エンメンの市民権付与の住民投票は，そうした社会状況の変化に十分に対応できなかった。とはいえ，もともと共同体の感情とは，それほど簡単に割り切れるようなものではないというところにむずかしさがあるのかもしれない。

スイスの直接民主制は，長年にわたり実施されつづけてきた。そのかぎりで，おおむね機能していると判断してよかろう。とくに，①参加のハードルが低いこと，②財政についての住民投票が可能なこと，③住民発議も最終的には住民投票の対象となるということは，スイスの制度を特徴づけるものであるといえよう。ただし，漸減傾向にある投票率と対象となる議案（提案）については，課題が残るといえよう。

直接民主制をめぐる議論

(1) 直接民主制の評価点

スイスでは，住民投票はどのように理解されているのであろうか。メックリ（Möckli）は，直接民主制の機能として，第1に，制度的な政治参加の容易化，第2に，課題設定（アジェンダ・セッティング）機能，第3に，政治的エリートと「世論」の連結，第4に，政治的決定のより優れた受容，第5に，政治的社会化とコミュニケーションを指摘している（Möckli, 1995b: 9-11）。

第1の制度的な政治参加の容易化は，間接民主制では政治に参加できない個人や既存の政党以外の集団に，直接民主制が参加の機会を提供するということである。第2の課題設定では，直接民主制が有権者による課題設定を可能にしており，住民発議によってその対象は公的な審議事項の一覧に載ることになる。第3の政治的エリートと「世論」の連結というのは，直接民主制によって行為者は妥協，あるいは「世論」の予測について強い圧力がかかっているということを示している。直接民主制の行為者は，住民投票で多数を獲得できるかつねに計算する必要がある。第4の政治的決定の受容であるが，事案を決定する市民が多くなればなるほど，ますますそれは正当なものとなるということである。そして第5の政治的社会化とコミュニケーションでは，直接民主制は決定過程全体においてふたつの重要な機能，すなわち政治的コミュニケーションと政治的社会化を果たしているということである。

さらに，キルヒゲスナー（Kirchgässner）らは，財政に直接民主制の積極的な影響があることをあきらかにしている。つまり，自治体や州は，財政住民投票によって財政支出を低く抑えられるとともに，負債比率，効率的な公共経営，高い国内総生産（BIP）が可能であると指摘している。さらに，税モデルが優れ，国家の財政の負担も低くなるという（Kirchgässner/ Feld/ Savoiz, 1999）。彼らは，財政原理や経済成長に対する直接民主制の肯定的な影響が自治体や州のレベルだけに限定されるのではなく，連邦レベルにもあることをあきらかにしている（Gloe, 2005: 116）。

さらに，スイスにおいては，住民投票で問われているのは，政策の是非であって，政権の是非，ましてや政権の存否を決定するのではないという点に

も留意すべきであろう（ただし，リコールをのぞく）。スイスの直接民主制の理論と実際は，つぎのような前提にもとづいている。すなわち，投票の結果は政権の安定に影響すべきではないということである。スイス人の考えでは，意思決定についての投票によって政府が転覆させられる危険にさらされるのであれば，直接民主制はほとんど意味をなさない（Möckli, 1995a, 11）。これはあたりまえのようでいて，忘れられがちである。住民投票の結果を，与党や首長の是非とむすびつけると，みずからの地位を守ろうとする側はかたくなに住民投票を否定しようとするであろう。スイスでは，このような了解があるからこそ，多くの事案が住民投票にかけられることを可能としているのである。

(2) 直接民主制の批判点

メックリは，直接民主制の逆機能について，つぎのように指摘している。第1に，「主要な活動家」による制度の利用，第2に，政治システムの流れの遅延，第3に，政党と議会の弱体化，第4に，有権者への過剰な要求，そして第5に，政治的対立の先鋭化である（Möckli, 1995b: 12-14）。

第1の主要な活動家による制度の利用は，実際に発案しているのは活動的な市民の少数者にすぎないということである。だからといって，発案できる要件をきびしくすると少数者の排除にもつながることになるので，悩ましいことではあろう。第2の政治システムの遅延については，広範な支持をえられるように妥協を試みなければならないので，直接民主制は政治システムとそれによる問題解決の要求についての過程を遅らせることになるということである。第3の政党と議会の弱体化については，従来の主要な政治的行為者をとおさず，つまり直接住民に是非を問うわけであるから，たとえば議会の地位は相対的に低くなり，弱体化するというものである。第4の有権者への過剰な要求では，あまりに多くの投票対象があり，有権者は十分な情報をえられず，えられたとしても理解するのが容易ではないということが問題となる。複雑な事案については有権者の6分の1しか満足のいく情報がえられていないともいわれている。第5の政治的対立の先鋭化は，とくに倫理的な問題をめぐる事案については少数者に対する多数者の専制となる可能性を指摘

している。

　また，グロエ（Gloe）は，直接民主制の問題点として，つぎの4点を指摘している。第1に，低い投票率である。平均で35％から40％の投票率は，やはり低いという問題である。ただし，十分な情報があたえられ，自分の意見が明確な場合には，投票するという意見もある。第2に，政党，議会，執行部の機能が（市民によって）制限されることである。地方レベルの住民投票では直接関係ないかもしれないが，とくに外交，欧州地域，経済改革の3分野に関しては，制度の欠陥があるとされている。第3に，住民投票運動が資金力のある利益集団に有利であるという点である。これによって住民投票の運動では，問題点がいっぽう的に論じられるという面がある。直接民主制は，自由な市民が自由に意思を形成できなければ時間があっても機能しないということである。第4に，政治過程の長期化ということである。とくに経済学者の観点であるが，必要な経済改革を困難にし，不可能にすることすらあるというものである（Gloe, 2005, 117-119）。

4　住民投票の可能性と課題

日本とスイスの評価

　いうまでもなく，日本とスイスとでは直接民主制の歴史に大きな違いがある。だが，直接民主制の経験が浅く，ようやく最近になって住民投票を実施する自治体がでてきた日本における議論と，多くの経験を積んでいるスイスの議論とを比較することは興味深い。

　住民投票のデメリットとして日本において指摘されているのは，①首長や議会が責任を回避したり，責任の所在が不明確になったりする，②投票結果が僅差の場合は，住民の間に亀裂を生み，地域内の対立が激化する，③住民は総合的，専門的な判断ができず，住民投票の結果はその時々の情緒によって左右され，合理的な決定に至らない，④少数者のエゴ，地域エゴを生みだす反面，投票の結果によっては少数者に犠牲を強いることになるなどである。

　スイスでは，①特定の活動家による制度の利用，②政治システムの流れの遅延（政治過程の長期化），③政党と議会の弱体化，④有権者の過大な要求，

⑤政治的対立の先鋭化，⑥低い投票率，⑦政党，議会，執行部の機能の制限，⑧資金力のある団体に有利という点が指摘されている。

　いずれも，首長や議会が責任を果たせなくなり，弱体化していくという点や，政治的対立を先鋭化させ，住民の間に亀裂を生むという点では共通している。

　メリットについては，日本では，①自治体の政策に住民の意思を直接反映できる，②政治的教育の機会を提供する，③議会の議論の停滞や機能障害を打破できるなどである。

　これに対して，スイスで指摘されているメリットは，①制度的な政治参加の容易化，②課題設定機能，③政治的エリートと「世論」の連結，④政治的決定のより優れた受容，⑤政治的社会化とコミュニケーションがある。そして，直接民主制が財政に積極的な影響があるという指摘は，注目に値する。しかも，財政に対する肯定的な影響は，自治体や州のレベルだけに限定されるのではなく，連邦レベルにも妥当するという。このことは，住民投票が参加のための手段としてだけでなく，財政問題に対しても有効に機能するということを意味している。日本の公共事業費が国際的に高いか低いかはべつにして，必ずしも必要とは思われないような公共事業や必要以上に豪華な公共施設などを，住民の判断でストップをかけたり，見直したりすることが，住民投票によってできる可能性がある。

　政治参加の容易化，住民の意思を直接自治体の決定に反映できる，政治エリートと「世論」の連結といったメリットを考えると，直接民主制は，ローカル・ガバナンスの観点からも十分に肯定的な影響があるように思われる。ただし，直接民主制は「万能薬」ではないこともつねに留意しなければならない。

　住民投票の可能性と課題

　住民投票は，誰がそのように使うかによって内容にも大きな違いがでてくる。スイスやアメリカで議論されているように，本来，住民投票や国民投票はレファレンダムとプレビシットとを十分に区別して議論されなければならない。

国や自治体の機関の側から自らの政策を支持するか否かを有権者に問うような「国民投票」や「住民投票」のことをプレビシット（Plebizit）という。リンデルによれば，プレビシットは，機関提案型住民投票（Behördenreferendum）とも称されるもので，通常のレファレンダムやイニシアティヴなどの直接民主制の手段とは機能も効果も異なる（Linder, 1999: 327ff）。この点で，スイスやアメリカでは，政府や行政機関など「上から」発議できるプレビシットと，住民が発議できるレファレンダムとを明確に区分しているが，日本では，いずれも住民投票，国民投票と呼んでおり，明確には区別されていない。どちらも，ある事案に対して住民が投票で意思表示をするという点ではおなじであるが，プレビシットは住民が発案するのではなく，首長（国ならば内閣）や議会が自らの都合で任意に住民投票を提案し，みずからの政策の支持，正当性を獲得するために利用する（Linder, 2002: 115ff）。このようなやり方によって，民主政治は過去にも危機に陥った経験がある。誰が投票の発議をしたか（できるのか）によって提案の内容が大きく異なることもある。そもそも議案を提出できる機関が住民投票を発案できるようにする必要があるのかと考えられないこともない。

　これまでの日本で実施されてきた住民投票は，レファレンダムではなく，プレビシットの性格をもつものが少なくない。憲法や地方自治法などの法律があるから住民の請求による住民投票ができないというのではない。最近の住民投票についても，住民投票を求める直接請求の 8 割が議会で否決されているにもかかわらず，首長提案の場合には 9 割が可決されているという事実は，プレビシット的な住民投票の傾向があることをうかがわせる。また，最近の「国民投票法」も，拙速すぎるとの批判があったにもかかわらず，与党の賛成多数で制定させた。まさに「上からの」発議で国民投票をめざすものであり，プレビシットであるといえよう。ローカル・ガバナンスの視点からすれば，求められるのは，当然，住民が発案できる「下から」のレファレンダムであり，住民投票，国民投票である。

5　むすびにかえて——住民投票の新たな段階に向けて

　ローカル・ガバナンスが，地方のレベル，とりわけ地方自治体における利害関係者による問題解決に向けた共同の取り組みであるとすれば，その利害関係者が意思決定にも関与することは当然に必要である。そのような意思決定にすべての有権者が参加できる仕組みとしては直接民主制の手段が考えられる。しかも，参加にともなう時間的，金銭的，物理的な問題を考慮すると住民投票が適当であろう。

　従来，日本では住民投票について比較的消極的な態度が取られてきた。しかし，今日では，もはや住民投票に対する極度のアレルギーは一部をのぞいて少なくなっている。それだからこそ，市町村合併に関係する事案が多いとはいえ，この10年間で300件を超える住民投票が日本全国で実施されてきたのである。また，「国民投票法」の制定などもあって，住民投票に対する関心は高まっている。ただし，国や自治体の機関が自らの政策について住民に了解を迫るような「上からの」プレビシットに対しては十分に警戒が必要である。

　住民投票も万能ではなく，デメリットも指摘されている。しかし，住民投票によって期待される効果も少なくない。住民投票の存在は，首長や議会に対して世論の傾向を知らしめる効果がある。また，住民投票の可能性があることによって，首長や議会は説明責任が求められるとともに，議会の審議を慎重に進めさせる効果がある。これまで首長と議員とのあいだで行われてきた意思決定に住民のチェックが入る（可能性がある）ことによって，無駄な支出をなくすことも期待できる。これこそ行財政の無駄をなくし，自治体の「改革」にも合致するものである。

　今後は，住民投票の制度を導入するか否かではなく，ローカル・ガバナンスの視点から，いかに民主的な参加が可能な住民投票を実現していくかが問われることになろう。そのためにも，住民投票制度を，自分たちのものとしてとらえて，積極的に議論し，構想していくことが必要なのである。

第4章 リスク・ガバナンスと自治体
北海道交雑防止条例をめぐる考察

南島　和久

1　はじめに

　本章では，リスク・ガバナンスと自治体について論じることにしたい。その前提として，リスク・ガバナンスの概念とその意義についてふれておきたい。

　「リスク・ガバナンス」とは，おもに科学技術政策論や科学技術社会論でとりあつかわれる概念であり，具体的には，薬害エイズ事件（厚生省），牛海綿状脳症（BSE）をめぐる問題，あるいは日本政府のアメリカ産牛肉輸入問題（食品安全委員会等）などの議論にもみられるように，科学的知識が十分な回答を用意できないにもかかわらず，政策決定が必要であり，公共政策の形成が求められる局面のことである。なお，リスク・ガバナンスが強調する「ガバナンス」とは，従来のエリート型の閉鎖的な政策形成よりも，むしろ民主主義的で，いっそう豊かなコミュニケーションのなかで政策形成をめざす規範性をおびた議論である。その意味において，リスク・ガバナンスの議論もまた，ガバナンス論の一環をなしているわけであるが，とくに科学技術政策という個別政策領域において展開される各論型のガバナンス論と理解することができる。

　科学技術政策論や科学技術社会論で論じられるリスク・ガバナンス論は，おもに科学者のアイデンティティのあり方，その進むべき方向性を議論するものである。だが，科学者などの政策エリートに限定した議論のあり方は，ガバナンス論の視座としてはあまりにもせまいだろうし，ガバナンス論が包摂すべきはずの「ガバメント」の議論，もっといえば，ガバメントをもふくめた社会全体の規範性について十分に論じていないように思われる。

公共政策論の視点からいえば，科学技術政策をめぐる議論においても，政治と行政，中央－地方関係という重層的な政府体系の議論をふまえる必要がある。そこで，本章では，北海道の遺伝子組換え作物関連施策（交雑防止条例）をめぐる取り組みについて概観しながら，これまであまり論じられなかったリスク・ガバナンスと自治体との連関について論じたい。

2　リスク・ガバナンスの実践的課題

「リスク」と科学

　まず，リスク・ガバナンスをめぐる議論においては，「リスク」という冠がつけられている点が，一般的なガバナンス論と異なっている。この「リスク」に関するグランドセオリーとしては，ウルリヒ・ベックの議論が有名である。ベックの主張がまとまったかたちで提供されているのは『危険社会』（Beck 1986）であるが，簡単にその内容をふまえておこう。

　ベックにとって，「危険社会」とは，「貧困社会」に対置される概念である。貧困社会の別名は「階級社会」であり，19世紀から20世紀への転換期にもっとも顕著となった階級対立によって現出した社会像である。かつて，階級社会では「富の分配」をめぐる争いが顕在化してきたが，現在の「危険社会」においては，「危険の分配」が争われるようになるとベックは指摘する。重要なのは，危険社会において，これまで直面したことがなかったような課題解決が必要となる点である。ベック自身のことばで述べるならば，その課題はつぎのような状況をさすことになる。

　　近代化の過程は，その課題と問題に対して，「自己内省的」となる。諸技術を（自然や社会や人格の領域において）いかにして発展させ応用させていくかという問題に代わって新たな問題が生じる。それは重要な領域でテクノロジーが危険を生み出す可能性があるが，その危険を政治的また科学的にどのように「処理」するかという問題である。すなわち，危険をどのように管理，暴露，包容，回避，隠蔽するかという問題である。安全を保障する必要性は危険の増大とともに高まる。用心深く批判

的な大衆に対しては，技術と経済における発展に対して表面上あるいは実質的にも介入することにより，安全性を繰り返し約束しなければならない。(Beck, 1986: 24-25)

　ここで「自己内省的」とされているのは，「自己内省的科学の段階」のことである。すなわち，初期段階の科学は，「問題の解決」と「問題の原因」とのあいだに明確な境界線を引くことができるが，科学が発展し，「自己内省的な科学の段階」になると，「科学が科学を対象とする」段階に到達し，科学にもとづかなければリスク＝問題を認知することも解決することも困難となるというのである。ひとことでいえば，科学自身が生みだした成果，影響および欠陥を科学の対象とする段階が，「自己内省的な科学の段階」である。そして，この「自己内省的な科学の段階」では，科学者がリスクにまつわるさまざまな議論を独占し，大衆と科学者の緊張が顕著となるのである (Beck, 1986: 323-329)。
　ベックの議論のなかでとりわけ重要なのは，こうしたリスクが「政治的真空状態」におかれているという論点である (Beck, 1986: 72-73)。すなわち，政治は，このリスクの問題に対して「統治不可能」だとされるのである。他方，リスクに対しては，それが政治としてどのように表現し，処理されるべきか定まらないにもかかわらず，「行動」や「政策」への要求が高まっていく。これは，いかにもディレンマである。かつての貧困社会では，代議制民主主義と政党政治を媒介として，政治的解決をはかることができた。しかし，新しい「リスク社会」の解決のためには，新しい解決方法が必要となる。しかし，その答えは明確ではないとベックは指摘しているが，この点こそ重要なのである。
　ところで，この論点をめぐって，ベックは，歴史を「前近代」，「単純な近代」，「自己内省的近代」に区分したうえで，つぎのような提言を行っている。すなわち，「単純な近代」は工業社会に対応するものであるが，「自己内省的近代」は，ここで論じられている新しい「危険社会」に対応する。この歴史段階のうち最後の「自己内省的近代」の段階において，危険社会を克服する方法として，市民運動や司法といった主体の多元化とともに，いっそうの近

代化の推進を企図すべきなのだというのである。「産業社会への回帰」,「技術＝経済的発展の民主主義化」,「政治の分化」というキーワードで語られる危険社会の克服に向けたベックのシナリオは，近代社会において十分に解決されなかった課題への再帰をうながすものである。この意味で，危険社会の克服方策は古くて新しいテーマであるといえよう。

　リスク・ガバナンスの実践的課題
　ところで，こうしたリスクをめぐる問題の指摘は，ベックだけにかぎられるものではない。たとえば，隣接分野のリスク論者として，ニクラス・ルーマン，クラウス・ヤップ，オートウィン・レン，アーロン・ウイルダフスキー，クリストファー・フッドらの名前をあげることができる。また，社会学的，文化論的な考察から離れてみても，保険数理アプローチ，毒物・疫学，確率論的分析，経済学（合理的選択論），認知心理学などさまざまな分野がリスク論とかかわっている（小松，2003:7-9）。ただ，こうした多彩なリスク論をみわたしても，ベックの議論は，リスク社会にかかる体系的世界観を示したものであり，その延長線上にあるリスク・ガバナンス論においても不可欠な前提であると評価することができるだろう。
　他方，われわれが確認する必要があるのは，理論レベルの理解のみならず，具体的な政策過程における代表的なアクター，すなわち「科学者」，「政策決定者」，「市民」にとって，いかなる具体的な課題と戦略があるのかという点である。いいかえるならば，リスク・ガバナンスの民主化に向けた糸口を，抽象論ではなく実践論としてさぐることだろう。
　本章では，このことをふまえながら，国内の自治体ではじめて遺伝子組換え作物の交雑防止条例を制定し，リスク・ガバナンスの中心をなすリスク・コミュニケーションの具現化の方策を実践していった北海道の事例について考えていくことにしたい。

3　日本の食品安全政策

カルタヘナ法

　北海道の事例の議論に入るまえに，国レベルにおいては，いかなる遺伝子組換え作物についての規制が行われているかについてみておきたい。

　まず，遺伝子組換えが問題となるのは，これが「食品」としてヒトの口に入るものであるからである。遺伝子組換え技術（組換えDNA技術）を応用してつくられた作物を加工したものが遺伝子組換え食品だが，遺伝子組換え技術は，微生物と植物，微生物と動物，動物と植物など自然界では起こりえないかたちで種の壁を越えてしまう点に大きな特徴がある。

　そもそも，遺伝子組換え作物は，省力化やコストダウンといった生産過程上のメリットを念頭において進められてきた。1994年に販売開始された「フレーバーセーバー」（日もちのよいトマト）が世界初の商用栽培だが，遺伝子組換え作物はその後，除草剤や害虫の被害を受けにくい機能などを付与され，しだいに食卓にのるようになってきた。たとえば日本では，トウモロコシやナタネ等の農作物55種と，キモシン，α-アミラーゼ等の食品添加物12品目が厚生労働省の安全性審査を通過し，市場に流通している状況にある。

　遺伝子組換え技術そのものについての国の規制にはいくつかの段階がある。最初の段階にあたる実験段階では，「組換えDNA実験指針」が，約25年にわたって運用されてきた。2003年には，国際的な動向を背景としながら，これにかわって，2005年にいわゆるカルタヘナ法（遺伝子組換え生物等の使用等の規制による生物の多様性の確保に関する法律）が制定されている。今日では，試験研究の場合もふくめて遺伝子組換え生物等の使用が，同法を包括法として規制されている。

　また，国内の遺伝子組換え農作物全体に対する行政対応は，カルタヘナ法を包括法としつつ，各府省がそれぞれの役割に応じて体制が整えられている。文科省は，おもに研究開発にかかる閉鎖系を中心としながら，大学など研究開発支援や科学的情報の収集などを行っている。また，農水省と環境省は，隔離ほ場や一般ほ場といった，開放系にかかる生物多様性影響評価を所管し

ており，一般ほ場における科学的情報の収集などを行っている。

このほか，食品や飼料については，厚生労働省と農林水産省が，それぞれ「食品衛生法及び飼料の安全性確保及び品質の改善に関する法律」にもとづく審査を行っている。このうち，食品にかかる領域においては，内閣府におかれた食品安全委員会がリスク評価やリスク・コミュニケーションをつかさどっている。

リスク・コミュニケーション

ところで，政府のリスク・コミュニケーションに関する重要な機関が，食品安全委員会である。この委員会は，FAO/WHO合同設置の食品規格委員会（コーデックス委員会）が推奨するリスク・アナリシスの枠組みをふまえ，①リスク・アセスメント，②リスク・マネジメント，③リスク・コミュニケーションをつかさどっている（図1および図2参照）。

図1　国のリスク評価およびリスクコミュニケーションの体制

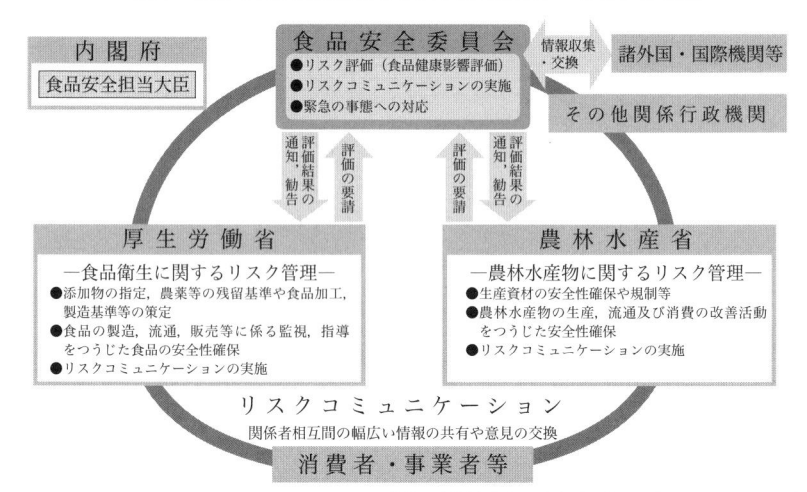

出典：内閣府内食品安全委員会HP（http://www.fsc.go.jp/）

図2　国のリスクアナリシスの3要素

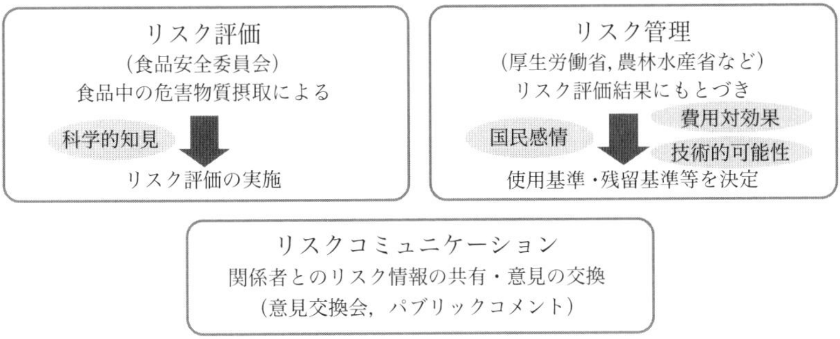

リスク評価
（食品安全委員会）
食品中の危害物質摂取による
科学的知見　→　リスク評価の実施

リスク管理
（厚生労働省,農林水産省など）
リスク評価結果にもとづき
国民感情　費用対効果　技術的可能性　→　使用基準・残留基準等を決定

リスクコミュニケーション
関係者とのリスク情報の共有・意見の交換
（意見交換会，パブリックコメント）

出典：内閣府内食品安全委員会HP（http://www.fsc.go.jp/）

「リスク・アナリシス」の局面では，食品安全委員会が科学的知見にもとづいた「評価」が行われている。ここでは，遺伝子組換え食品の審査も行われている。また，「リスク・マネジメント」の局面では，厚生労働省や農林水産省が，それぞれの所管法にもとづいて，食品衛生，農林水産物に関する安全規制や安全確保策などの対策を講じている。最後の「リスク・コミュニケーション」の局面では，全政府的な取り組みとして，広報をふくめた各種の事業が行われている。

こうした内閣府の取り組みについて，平川らは，食品安全委員会の場合，リスク・アナリシス，リスク・マネジメント，リスク・コミュニケーションという3つの機能について，観念的な「機能的分離」にくわえ，実態の組織体制にかかる「組織的分離」も行われていると指摘している。政府の食品安全政策については，科学的知見と行政機関の規制等の活動とをわけるという点では徹底しており，政治的配慮が科学的判断に影響しないような組織的な工夫（独立性の担保）がなされているのである（平川・城山・神里・中島・藤田，2005: 96-97）。

いずれにしろ，国のこうした体制をふまえて，自治体の食品安全活動もまたその枠組みのなかで展開している。ただし，それはあくまでも「縦割行政」のなかでの展開であって，自治体が「自治」の問題としてこれを総合していくためには，政治・政策面での働きかけもふくめて，さらにいくえもの

工夫が必要となるのである。

4　政策実施の現実と実際

北農研での実験栽培
以上をふまえて，具体的な事例のなかにわけいってみることにしよう。

北海道で遺伝子組換え食品をめぐる論議が活発になっていったのは，1993年の生物多様性条約以降であった。1998 年には，コープさっぽろが，プライベート商品 25 品目に遺伝子組換え大豆の使用／不使用に関する表示を開始した。1999 年には，道消費者協会が，学校給食に道産品を使用するという決議を道教育委員会に提出したが，とくに「遺伝子組み換え食品の出回りが懸念される大豆については，組み換えでない道産大豆を使用した食品を積極的に利用する」ことを決議に盛り込んだ。また，2000 年には，札幌市教育委員会が，学校給食から遺伝子組換え大豆を原料とした食品を排除していく方針を打ちだした。こうして，遺伝子組換え食品に対する市民レベルの関心はしだいにひろがりをみせるようになっていった。

とくにおおきな転機となったのは，2003 年，農林水産省所管の独立行政法人，北海道農業研究センター（以下「北農研」）における一般ほ場での遺伝子組換えイネをめぐる騒動だった。北農研は，冷害につよい「キアタケ」に光合成の効率がよいとされるトウモロコシの遺伝子を組み込み，成長や収穫量の変化を実験・調査しようとした。これに対して，生活クラブ生協は，「イネ花粉の飛散などによる周辺の農作物や環境への影響が十分に説明されておらず，不安が残る」として，北農研側に当該実験中止を申し入れた。ところが，北農研側が一般ほ場での実験（80 苗の田植え）を開始したために，市民団体の反発を招く事態に発展したのである。

この北農研の実験栽培に対して，生産者，消費者団体は反発を強め，政治的な動きも活発になった。高橋はるみ・北海道知事は，議会において「『食』に関する条例」の制定に言及し，議会も，「遺伝子組みかえ作物の非承認と遺伝子組みかえ食品の表示義務化を求める意見書」を可決した。ちなみにこの意見書では，①多くの消費者が不安をいだいているなかにあって，食品や

飼料としての稲などをはじめとする遺伝子組みかえ作物を承認しないこと，②消費者の選択する権利を保障するため，遺伝子組みかえ作物を原料とするすべての食品について表示を義務化することが，国に対して求められた。また，2004年度末の条例案の道議会への提出，2005年の条例施行というロードマップも示された。なお，この際に，①遺伝子組み換え作物については，栽培前に地域住民の合意をえるように求めること，②栽培する場合は農薬と同様，隣の畑に花粉が飛ばないよう工夫を凝らすなど，複数の規制を盛り込む方向で検討を進めていること，③条例には罰則規定は設けず，生産者の自主的取り組みを尊重することなど，道農政部道産食品安全室のコメントがそえられていた。

西南農場の商業栽培

2004年になると，北海道庁は，本格的に条例化に向けた対応を開始した。北海道農業・農村振興審議会，そして北海道の安全・安心な食を考える会においては，「『食』に関する条例」の基本的考え方が審議され，2004年度の条例提案までのスケジュールが示された。このスケジュールにそくして，条例策定を念頭においた「北海道における遺伝子組換え作物の栽培に関するガイドライン」が策定された。このガイドラインは，試験栽培をのぞいて，遺伝子組換え作物の栽培の中止を要請するという強硬なものであり，許可制を採用することを念頭においていた。また，ガイドラインは，試験栽培についても別途検討し，規制を行う予定であることを明示していた。このうち，試験研究機関が研究ほ場で行う遺伝子組換え作物の栽培試験の実施条件については，「遺伝子組換え作物に係る実施条件検討会」において検討が行われた。あわせて，これまで「『食』に関する条例」と呼んでいたものを改訂した「食の安心・安全条例」も検討された。なお，この条例案は，北海道農業・農村振興審議会において審議され，パブリックコメントにおいて，さらに地域，関係機関・団体との意見交換会においても示されていた。

こうしたなかで，北農研の問題にくわえて，もうひとつの騒動が発生した。2004年10月に北海道夕張郡長沼町の畑作農家，「西南農場」が，①遺伝子組換え大豆（「GM大豆」）の栽培・出荷を計画していること，②すでに

1997年と1998年にGM大豆を栽培し，民間業者に出荷していたことが報道されたのである。このGM大豆は，除草剤を撒いても枯れない性質をもっており，1996年，農水省および厚労省の指針にもとづいて安全性が確認され，栽培・販売には法的な問題はないとされていたものであった。しかし，食品としてははじめての国内商業栽培となるGM大豆に対して，北海道をはじめ，JA，生協・市民グループ，生産者らは反発を強めた。高橋知事は，「栽培を中止してもらいたい。多くの消費者が不安をもっている」との見解を示し，JA北海道中央会の宮田勇会長は，「花粉が飛散して周辺の作物と交雑したり，風評被害が広がって北海道の作物が売れなくなったりしたら大変だ」という見解を表明した。

これに対して，西南農場の代表は，①GM作物の生産を禁じる法律がない，②GM作物は表示義務があり，消費者が選択できる，③GM作物が人体に有害だとのデータをみたことがないなどの反論を行った。こうした西南農場側の対応に対して，北海道も，法令の洗い直しを開始した。検討中の食の安全に関する条例案に罰則規定を設けることも視野に入れて，栽培中止を求める道産食品安全室のきびしい状況認識も示された。この騒動は，南長沼土地改良区の山田文雄理事長が栽培中止を要請し，西南農場側がこれに応じることで決着するにいたった。

この騒動においては，当初「科学技術対市民」の構図で論じられていた争点が，「経済的利益対消費者」の構図へとシフトされた。いずれが望ましいかという議論はさておき，いずれの構図であるのかによって政治的解決のあり方が変わるという点に注意を喚起しておきたい。

条例化に向けた調整

西南農場の騒動と平行し，北海道は「食の安全・安心条例」に関し，2つの方針転換を打ちだした。ひとつは，「許可制」であるとしていた方針を緩和して「届出制」にした点であり，もうひとつは商用栽培に対する網掛けの一環として「罰則規定」を盛り込むことにした点である。

紆余曲折のすえ，2004年11月の北海道議会農政委員会において最終的な条例案が公表され，2005年の定例議会へ提案された。委員会に提案された

条例案は,「遺伝子組換え (GM) 作物の栽培等に関する条例」と,「食の安全・安心条例」の2つであった。「遺伝子組換え (GM) 作物の栽培等に関する条例」は,遺伝子組換え作物と一般作物との交雑・混入や生産・流通の混乱防止を目的とするものであった。同案では,商業栽培に対するきびしい規制を課すべきものとされており,「許可制」としたうえで,「地元への説明」も義務づける内容とされ,知事には交雑・混入防止の観点から許可の変更や中止を要請できる「権限」もあたえられた。また「食の安全・安心条例」は,道民の健康の保護と消費者に信頼される安全・安心な食品づくりをめざすもので,クリーン農業や有機農業,食育の推進や道産食品の独自認証のアピールなどの具体的な取り組みをふくむものであった。

2005年1月になると,条例をバックアップする体制整備の議論も進んだ。高橋知事は,食と観光を北海道ブランドの大きな柱とするため新組織をつくる方針を示し,そこで「観光の国づくり推進室」とともに,「食の安全・安心推進室」を設置することを表明した。2月になると,さらに条例案の罰則部分のくわしい内容が報じられた。

この段階での条例案は,①栽培計画は公表・説明のうえ,知事の諮問機関の「食の安全・安心委員会」に諮られ,委員会の意見を聴いたうえで「許可」されること,②実際に栽培が開始されたとしても,交雑防止の実効性がない場合には,知事が変更や中止の「命令」をすることができること,③無許可栽培の場合には,1年以下の懲役または50万円以下の罰金とすること,④知事の命令にしたがわない場合も,罰金が科されること,⑤無届けの試験栽培にも,50万円以下の罰金が科されること,⑥商業栽培の場合とおなじく,命令違反の場合にも罰金が科されること,⑦許可手数料が1件につき31万4760円であることなどを内容とするものであった。

このうち,罰則部分については,最終的に懲役刑が削除され,罰金のみが残されたが,いずれにしろ,①試験研究機関と同等レベルの水準を商業栽培にも課すことで,商業栽培を原則禁止すること,②この担保措置として罰金を設定したことが,同条例案の大きな特徴であった。

条例案は2005年3月24日に「北海道遺伝子組換え作物の栽培等による交雑等の防止に関する条例」(2006年1月1日施行,以下「交雑防止条例」)

として、議会において全会一致で可決され、遺伝子組換え作物を一般農家が許可なく栽培することを禁じた全国初の条例として制定された。また、これにあわせ、「北海道食の安全・安心条例」（2005年4月1日施行、以下「安全・安心条例」）も制定された。

5　条例の特徴とその後の展開

条例の特徴

ところで、これらの条例の中身だが、安全・安心条例は、「食の安全・安心に関し、基本理念を定め、並びに道及び生産者等の責務並びに道民の役割を明らかにするとともに、道の施策の基本となる事項を定めることにより、食の安全・安心に関する施策を総合的かつ計画的に推進し、もって道民の健康の保護並びに消費者に信頼される安全で安心な食品の生産及び供給に資すること」を目的としてかかげていた（条例第1条）。そのポイントとしては、北海道農政部「食の安全・安心条例の概要」では、以下の7点があげられていた。

① わが国最大の食糧生産地域として、消費者の視点に立ち、北海道らしい特色ある具体的な施策を盛り込んでいること。
② 道産食品をはじめ輸入食品など食品全体を対象としていること。
③ 食のリスク・コミュニケーションの推進を盛り込んでいること。
④ 食育を国に先駆け積極的に推進する姿勢を打ちだし、具体的な施策を盛り込んでいること。
⑤ 全国ではじめて遺伝子組換え作物の開放系での栽培による交雑・混入の防止に関する措置を盛り込んでいること（第17条）。
⑥ 安全・安心な食の生産環境を保全する具体的な施策を盛り込んでいること。
⑦ 道民からの申出制度や食の危機管理体制の確立を盛り込んでいること。

これに対して、交雑防止条例は、条例名のとおり、遺伝子組換え作物と一

般作物との交雑や混入の防止をめざした全国初の条例であった。

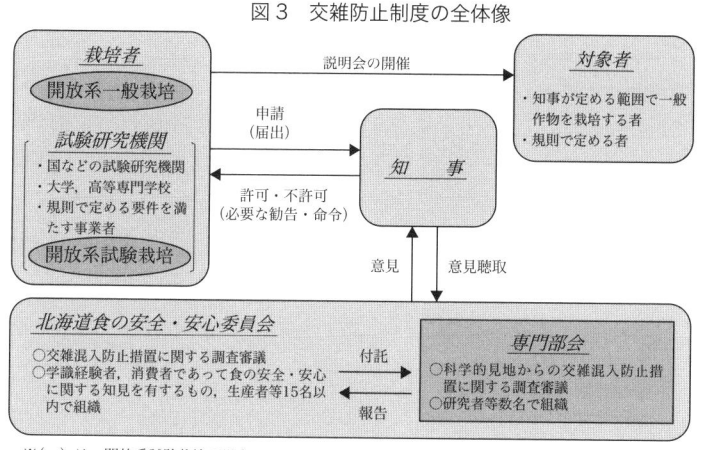

図3 交雑防止制度の全体像

栽培者
開放系一般栽培

試験研究機関
・国などの試験研究機関
・大学，高等専門学校
・規則で定める要件を満たす事業者

開放系試験栽培

説明会の開催 →

申請（届出）→

許可・不許可（必要な勧告・命令）

知事

対象者
・知事が定める範囲で一般作物を栽培する者
・規則で定める者

意見 ／ 意見聴取

北海道食の安全・安心委員会
○交雑混入防止措置に関する調査審議
○学識経験者，消費者であって食の安全・安心に関する知見を有するもの，生産者等15名以内で組織

付託 ／ 報告

専門部会
○科学的見地からの交雑混入防止措置に関する調査審議
○研究者等数名で組織

※（　）は，開放系試験栽培の場合

出典：北海道農政部「遺伝子組換え作物の栽培等による交雑等の防止に関する条例の概要」
北海道食品政策課 HP（http://www.pref.hokkaido.lg.jp/ns/shs/）

制定後の展開

　このようなかたちで条例の全体像は定まったものの，まだいくつかの課題が残されていたが，ここでは以下の2点を取り上げておきたい。
　第1に，交雑防止条例の中心に位置しなければならなかったはずの交雑防止基準が先送りにされたままだったということである。この交雑防止基準については，安全・安心条例第28条にもとづく「北海道食の安全・安心委員会」において具体的に検討することとされていた。この議論は，交雑防止のための作付け距離の問題であり，したがって「安全」をめぐる「科学的な検証」を必要とする議論であった。
　第2に，食をめぐる不用意な「不安」をいかに抑制し，風評被害などのヒステリックな状況を生まないために，いかなる措置が必要なのかということへの配慮という問題である。この点についての対応は，必ずしも科学的根拠のみで行いうるものではなかった。この点こそ，「安心」をめぐるリスク・コミュニケーションの領域であったが，この領域に大きく踏み込んでいる点

に，北海道の取り組みの大きな特徴があった。

　第1の交雑防止基準についてだが，知事の諮問に対して，2005年8月26日に「遺伝子組換え作物の栽培による交雑等の防止基準等について」という答申が行われた。同答申においては，イネ，ダイズ，トウモロコシ，ナタネ，テンサイなどの栽培にかかる距離の基準が設けられ，道内の実態調査や文献データあるいは農林水産省の栽培実験指針に「安全率」として2倍をかけたものが，安全基準として設定された。なお，この場合の2倍の「安全率」に科学的基準はなく，あくまでも行政対応としての暫定的基準であって，3年後に見直しの予定とされた。科学的基準であれば見直しの余地はないが，①植物の交雑に関しては未解明な部分も多いこと，②遺伝子組換え作物と一般作物との交雑をより確実に防止するためには，科学的な知見の蓄積をはかる必要があること，こうした未解決な課題を残したまま設定された基準であった。

　この論点については，遺伝子組換え技術における「科学」の議論と，市民社会における安全・安心の水準との落差をうかがうことができる。また，交雑防止基準がナショナル・ミニマムとして設定されたほうがよいのか，自治体独自の基準のままでよいのかという問題もふくまれていた。「科学」としての合理的根拠が十分でない場合，政治的決断や，自治体独自の裁量が介在する余地が発生する。そして，最終的に政治的介在である以上，国や自治体の政府の責任として問われることになるのである。

　第2のリスク・コミュニケーションについては，北海道の取り組みは先駆的であった。条例制定後，とくにリスク・コミュニケーションについては，さまざまなイベントが開催された。このなかでも注目されるのは，コンセンサス会議の開催であった。

　コンセンサス会議とは，1980年代にデンマークではじまった技術評価の手法のことであり，「市民」と「専門家」による合意形成を大きな特徴としている。木場によれば，社会的に議論をよぶテーマを取りあげ，それに利害関係のない市民を十数名選び（市民パネル），それに対して，市民の疑問に対応可能な専門家を十数名選び（専門家パネル），質疑応答を繰り返しながら会議を進めていくものが，コンセンサス会議である（木場，2003: 99-100）。

会議の最後には，市民パネルは，当該の科学技術についての判断を意見としてまとめ（コンセンサス），この意見が公開されるというかたちで会議が運営される。この取り組みは，科学にかかる市民側の知識水準の向上を意図するものであり，「準教育」的な方法論ということができる。

　日本でのコンセンサス会議は，1991年1月～3月に，トヨタ財団，日産科学振興財団から助成を受けて関西で開催された「遺伝子治療を考える市民の会議」が最初であったとされる。このほか，農林水産省など国の機関での開催は存在したが，自治体レベルでは十分な実践の蓄積はなかった。北海道では「遺伝子組換え作物の栽培について道民が考えるコンセンサス会議」として，この取り組みがコンセンサス会議であることを大きくかかげていた。北海道のコンセンサス会議は，2006年11月25日の第1回会議を皮切りに，2007年2月の第4回会議までつごう4回開催され，食の安全・安心委員会において「市民提案」が報告された。

6　むすびにかえて

　本章のむすびにかえて，遺伝子組換え作物をめぐる事例をふまえ，この議論の論点を整理しておきたい。また，自治体としての北海道の機能と役割，その展望についてもふれておきたい。いうまでもないが，遺伝子組換え技術自体はきわめて科学的な存在であり，一般市民にとって操作可能なものではない。また，この種の知識の獲得には，一定の時間をかけた訓練等が必要となる。こうした知識のギャップを前提としたコミュニケーションを成立させるのがいかに困難なことであるかという点こそ，本章であげた事例からくみとることができるもっとも基本的な論点である。

　ところで，科学として行われる「実験栽培」と経済的利益を目的として行われる「商業栽培」とは，原則としておなじ水準の議論とはいえない。しかし，北海道が条例制定をつうじて下した判断は，いったん科学と同水準にまで規制水準を引き上げておき，議論を「経済的利益対消費者」という，政治化しがちな構図から，「科学対市民」の構図に引き込む工夫を行うというものであった。また、この操作が，コンセンサス会議のような準教育的な仕掛

けを施策として展開する余地を生むことになったといえるだろう。

　ところで，単なる「準教育的」な仕掛けの舞台にとどまらず，より政治的な側面も包摂した「参加」という側面から考える場合も，「自治体」は有効な戦略拠点となる点にも注意を喚起しておきたい。

　国の場合には，どちらかといえば，リスク・マネジメントやリスク・コミュニケーションよりも，より科学的な「リスク・アナリシス」が中心となりがちではないだろうか。これに対して自治体は，リスク・アナリシスよりもむしろ，「リスク・マネジメント」や「リスク・コミュニケーション」，とくに「リスク・コミュニケーション」の舞台として重要な意義を有している。また，そうであるがゆえに，こうした議論に対して積極的に政治・政府が介在することができるということがいえる。

　「自治体」は，民主主義を梃子とするかぎり，国よりも市民とのバランスをはかりうる立場にある。「市民」が「科学」の恩恵を蒙る存在であるかぎり，また「市民」が「科学」をより社会的な存在とするものであるかぎり，「自治体」の位置の重要性はみすごすことはできない。市民の側の戦略拠点として，「自治体」は重要な橋頭堡となりうるものであろう。

　ただし，こうした議論はまだはじまったばかりであり，われわれはまだ十分な理論的な視座すら有していない。ただし，社会をより豊かにする可能性を秘めたものとして，「自治体」の役割を再検討し，洗いなおしていくことは必要である。本章では，ガバナンスと自治体の論点として，この点を確認するにとどめることにしたい。

第5章 独立行政法人制度とガバナンス
独立行政法人評価の観点から

西山　慶司

1　公共サービスの外部化と独立行政法人制度

独立行政法人制度と評価，ガバナンス

　第1章でも指摘されているように，公民パートナーシップ（PPP）スキームには，指定管理者制度や市場化テスト（公民競争入札）のように，民間セクターである企業やNPOに門戸を開放するものもあれば，民営化や独立行政法人化といった組織形態の変更によって，みずからが「民」になる，あるいは「民」に近づくというものもある。

　本章では，このうち，イギリスのエージェンシー（Executive Agency）制度をモデルにしたといわれる独立行政法人制度を題材にして，基本的な制度，特徴，動向について論じていく。とくに，独立行政法人のガバナンスの論点として，つぎの2点を指摘したい。第1は，独立行政法人化によって公共サービスが政府の外に拡大するということ，つまり公共サービスの外部化にともなう関与の度合いである。第2に，独立行政法人評価は，さまざまなアクターがかかわることにより，統制主体の多元化・重層化を特徴とするということである。

　なお，広義の独立行政法人制度の範囲には，国立大学や大学共同利用機関など国立大学法人制度，それに公立大学や公営企業など地方独立行政法人制度もふくまれるが，ここでは，国の事務や事業を担っている独立行政法人制度にしぼって議論を進めていきたい。

独立行政法人制度創設の経緯

　独立行政法人制度は，1996年11月に発足した行政改革会議において提案

され，中央省庁改革の主要な柱のひとつとして積極的に議論された。その結果，1997年12月の「行政改革会議最終報告」で，国が行う政策の企画立案部門と実施部門とを分離し，実施部門のうち一定の事務・事業について，効率性の向上や透明性の確保をはかるため，独立の法人格を有する独立行政法人を設立することが提言された（行政改革会議事務局OB会編，1998：93）。これをうけて，1998年6月の中央省庁等改革基本法に，独立行政法人制度の創設が盛り込まれた。

1999年4月，中央省庁等改革基本法にもとづいて「中央省庁等改革の推進に関する方針」が策定され，独立行政法人制度の骨格が固まった。また，この基本法で整備が求められた法令として，1999年7月，独立行政法人通則法（以下「通則法」）が，同年12月，「国立公文書館法の一部を改正する法律」など59法人の個別法が，それぞれ成立した。そして，2000年12月に閣議決定された行政改革大綱にもとづいて，2001年4月に国立公文書館など57の独立行政法人が発足した。

独立行政法人制度のねらい

独立行政法人制度の創設にあたっては，ふたつの基本的な考え方があった。第1は，国，地方，そして民間との役割分担という視点から，行政機能の「減量」がはかられたことである。「減量」には，行政活動の幅をせばめる「水平的減量」と，行政活動の奥行きをせばめる「垂直的減量」がある（藤田，1999: 111; 高崎・渡辺，2000: 27-28）。

前者の施策は，地方・民間への権限委譲や民間委託などである。そして後者の施策は，独立行政法人制度の導入や民営化などである。つまり，独立行政法人の制度設計上，企画立案部門と実施部門の分離よりも，国家公務員の数の削減を目的とした組織上の分離が主な対象とされている（古川，2001: 172）。そのため，独立行政法人制度をイギリスのエージェンシー制度の日本版と考えるのは適当ではない。むしろ，日本においてイギリスのエージェンシーに相当するのは，内閣府設置法や国家行政組織法に定められている「実施庁」と考えるべきである（藤田，1999: 113; 原田，2003: 60-61）。

「水平的減量」と「垂直的減量」の関係を概念図にまとめると，図1のよ

うになる。「水平的減量」は，行政関与の度合いをあらわす①と③のプロセスであり，行政の活動の幅をせばめようとするものである。「垂直的減量」は，国家行政組織の規模をあらわす②のプロセスであり，行政の組織規模を小さくしようとするものである。

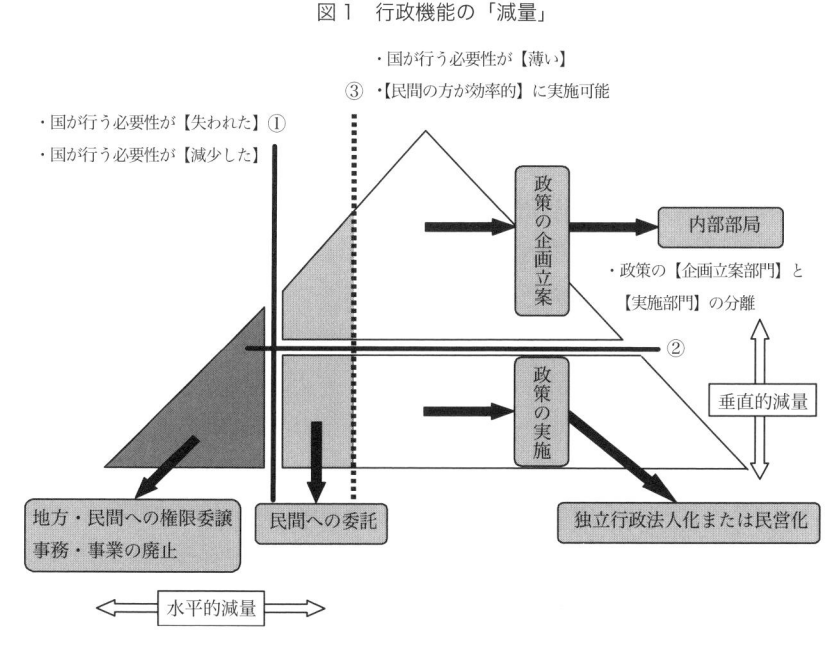

図1　行政機能の「減量」

・国が行う必要性が【薄い】
③・【民間の方が効率的】に実施可能

・国が行う必要性が【失われた】①
・国が行う必要性が【減少した】

政策の企画立案 → 内部部局
・政策の【企画立案部門】と【実施部門】の分離

政策の実施

② 垂直的減量

地方・民間への権限委譲　事務・事業の廃止

民間への委託

独立行政法人化または民営化

⇔水平的減量⇔

出典：高崎・渡辺，2000: 27。ただし，筆者一部修正。

　第2に，国が実施している事務・事業のなかには，①国みずからが主体となって直接実施しなければならないものではないが，②民間の主体にゆだねた場合に，その事務・事業が必ず実施されるという保証がなく，③実施されなければ国民生活や社会経済の安定にいちじるしく支障を生じるものが存在する。独立行政法人制度は，こうした事務・事業について，確実で適正な実施を確保しようとするものなのである（行政改革会議事務局OB会編，1998: 94）。具体的には，つぎのような事例がある（宮脇・梶川，2001: 82-83）。

(1) 公共財を提供する場合（試験研究など）
(2) 独占して提供することが適当である場合（貨幣・紙幣の製造など）
(3) 行政サービスの価格が低く公定されている場合（美術館，博物館など）
(4) 国民に義務づけられた行政サービスを提供する場合（検査検定など）

　岩崎（2006: 20-23）は，公共領域における独立行政法人の位置づけを図2のように整理している。

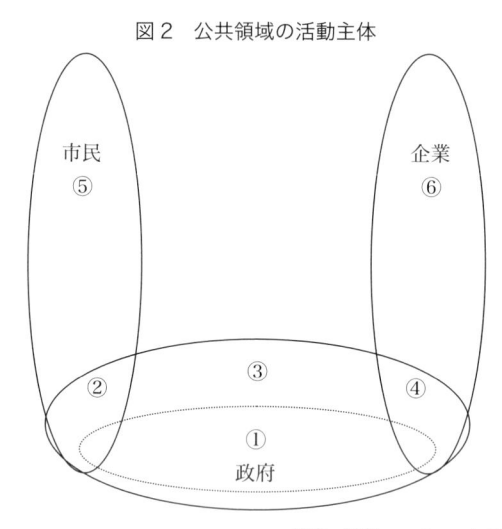

図2　公共領域の活動主体

出典：岩崎，2006: 20。ただし，筆者一部修正。

　図2では，大きくわけると政府，市民，企業の3つのアクターが存在している。⑤の完全な私的領域と⑥の完全な営利追求領域をのぞいた，①〜④が公共領域である。そのうち，政府の直接活動部分である①以外の，②〜④が新しい公共領域のアクターと位置づけられている。②はボランティア，NPOなどの市民活動，③は公益法人などの政府関連組織，④は電気・ガスなどの公共事業者である。ただし，①と②③④の境界は明確なものでなく，公共サービスの種類によってその関わり方に濃淡がある。そして，独立行政法人は，①に近い位置にあり，①と③の境界にある例とされている。このよ

うに，独立行政法人は，事務・事業を実施する主体として，政府でもなく，民間でもない，これらの中間に位置づけることができるのである。

独立行政法人評価と統制──事前から事後へ

　従来の行政活動が，予算統制を中心として事前の統制に重きをおいていたのに対して，独立行政法人制度は，法人に対する主務大臣の関与を一定限度に制限するかわりに，事後的な評価に重点をおいている（新川，2000: 196-197）。いいかえれば，独立行政法人制度の導入は，国と独立行政法人とのあいだのネットワーク・ガバナンスを事前統制型から事後統制型へ移行させるための手段であるといえる（長島，2004: 4）。

　この事前統制から事後統制への移行の背景には，ニュー・パブリック・マネジメント（NPM）の考え方が影響している（Pierre and Peters, 2000: 64-65）。まず，国家が組織に対する直接的なコントロールの一部を放棄し，その組織による「管理の自由」(letting the managers manage) を前提としていることである。つまり，目標設定の役割については政府にまかせるが，公共サービスの提供は，できるだけ市場メカニズムに近いかたちで行うべきであると考えられている。これによって，より効率的な公共サービスの提供が確保できると期待されているのである。

　つぎに，事前のコントロールを弱めるかわりに，事後のアウトプットやアウトカムを重視していることである。つまり，提供したサービスやその効果を重視した「結果による管理」(managing for results) が求められている。このように，独立行政法人制度は，「管理の自由」と「結果による管理」を組み合わせて，法人の組織運営に裁量をあたえるいっぽうで，この実績を事後的に評価する仕組みが設計されているのである。

　これを通則法に照らすと，つぎのような評価の枠組みが整えられていることがわかる。はじめに，中期目標，中期計画，年度計画に関しては，明確な策定が求められている。①まず主務大臣が，3年以上5年以下の目標期間を定め，中期目標を設定し，これを独立行政法人に指示する。②独立行政法人は，これを受けて中期目標を達成するための措置を盛り込んだ中期計画を作成し，主務大臣の認可を受けなければならない。③主務大臣が中期目標を定

めたり，中期計画を認可したりするときは，事前に各府省の独立行政法人評価委員会（以下「府省委員会」）の意見を聴くことが求められる。④そして独立行政法人は，中期計画にもとづき年度毎に年度計画を定め，これを主務大臣に届け出る必要がある。

つぎに，年度業績評価および中期目標期間業績評価（以下「業績評価」）については，まず府省委員会が独立行政法人の評価を行う。そして，総務省の政策評価・独立行政法人評価委員会（以下「政独委員会」）が，その評価結果を評価する「評価の評価」を実施する。このような二重の評価システムが採用されているのは，政独委員会が客観的で中立的な立場から府省委員会の評価を分析することにより，府省委員会のお手盛りを排し，独立行政法人評価の適正性を担保するためである。したがって，府省委員会は，主務大臣だけでなく，政独委員会にも評価結果を通知しなければならず，また，政独委員会は，必要に応じて，府省委員会に意見を述べることができる。

そして，中期目標期間の終了時における見直し（以下「見直し」）では，主務大臣が独立行政法人の業務を継続させる必要性や組織のあり方などについて検討し，次期の業務・組織運営などに反映できるよう所要の措置を講じることとなっている。所要の措置としては，つぎのものをあげることができる（箕浦，2006: 86）。

(1) 業務の継続（民営化，業務の改廃などをふくむ）。
(2) 業務運営の方法（中期目標の設定，中期計画の認可など）。
(3) 組織のあり方（組織の存廃など）。
(4) 役職員の身分のあり方（公務員型独立行政法人の非公務員化）。
(5) 独立行政法人の長などの人事や給与への反映。

見直しの際に，主務大臣は，府省委員会の意見を聴くことが求められる。また，政独委員会が，主要な事務・事業の改廃について，主務大臣に対して別途勧告できる機能をもつ。

このように，独立行政法人評価に際しては，目標・計画の策定，ルーティンとしての業績評価，そして業務全般・組織の見直しがある。この評価の流

れをわかりやすくするために，計画をたて（Plan），実行し（Do），その評価（Check）にもとづいて改善（Action）するというPDCAサイクルにあてはめてみると，図3のとおりになる。あとのふたつは事後的な評価という位置づけになるが，"Check"は業績測定を中心とする評価であり，"Action"は組織の存廃をふくめた見直しという違いがある。

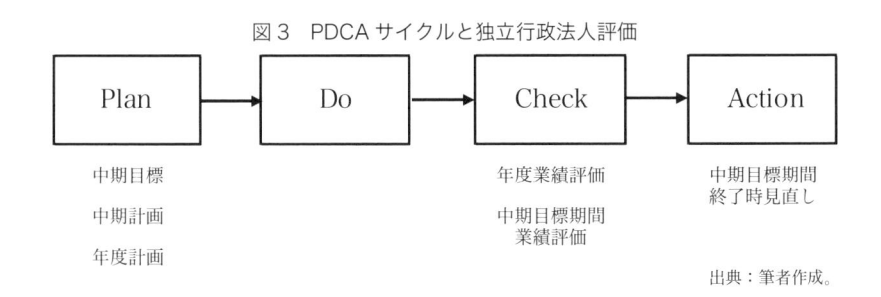

図3　PDCAサイクルと独立行政法人評価

Plan	Do	Check	Action
中期目標 中期計画 年度計画		年度業績評価 中期目標期間 業績評価	中期目標期間 終了時見直し

出典：筆者作成。

しかし，実際の独立行政法人評価の運用は通則法に定められた要件のほか，行政改革の指針や内閣が示す方針などがもとになっている（村松，2003: 85）。この点は，独立行政法人評価において大きな意味をもっている。というのは，政府の関与が独立行政法人の見直しにおいて大きな影響をあたえているからである。

2　独立行政法人評価の動向と政府の関与

独立行政法人の見直しの枠組み
　通則法上，見直しの具体的な内容についての規定はおかれていない。そのかわり，2003年8月に閣議決定された「中期目標期間終了時における独立行政法人の組織・業務全般の見直しについて」（以下「組織業務見直し」）が，見直しの枠組みの基礎となっている。通則法が成立するにあたって，主務大臣が行う見直しの際に，政府は客観的な基準を2004年3月までに検討し，独立行政法人の存廃や民営化はこの基準をふまえて決定することが附帯決議されていたからである。

「組織業務見直し」には，事務・事業の改廃にくわえて，組織形態の見直しについても盛り込まれている。前者の措置は，事務・事業の廃止，整理縮小および市場化テストなどである。後者の措置は，非公務員化や民営化，そして廃止である。このように，もともとは事務・事業の改廃が見直しの基本的な視点であったが，実際は，組織の存廃に見直しの力点がおかれた方策がふくまれている。「民間にできることは民間にゆだねる」という観点から，独立行政法人の組織・業務全般について極力縮小する方向で見直すことが念頭におかれていたからである。

　また，「組織業務見直し」では，独立行政法人が次期中期目標期間の開始年度から見直し結果を反映して業務を実施するために，つぎのとおり，国の予算編成にあわせたタイミングでの見直しスケジュールが組まれている。

①政独委員会は，見直しの視点など，具体的な検討に資するチェック事項を勧告の取組方針として概算要求前に作成する。
②見直し結果を次期中期目標期間の開始年度における国の予算に反映させるため，以下の手続を実施する。
　ア）主務大臣は，勧告の取組方針をふまえて見直し当初案を作成し，予算を概算要求する。
　イ）政独委員会は，予算に反映できるよう早期に勧告の方向性を指摘する。
　ウ）主務大臣は，国の予算編成の過程において見直し内容を再検討する。
　エ）主務大臣は，政府原案確定までに，行政改革推進本部に見直し内容を説明し，その了解をえて，見直し内容を実質的に決定する（行政改革推進本部は，了解する際に，政独委員会の意見を聴取しなければならない）。
③主務大臣は，実質的に決定した見直し内容をふまえ，中期目標（独立行政法人は中期計画）を策定し，必要があれば国会に法律案を提出する。
④主務大臣は，これまでの決定や政独委員会の勧告をふまえて，見直し内容を正式に決定する。

独立行政法人発足後はじめて中期目標期限が到来した教員研修センターでは，この「組織業務見直し」による見直しが実施された。ここでの要点は，つぎのとおりである。第1に，実質的な見直しは，中期目標期間の最終年度，つまり中期目標期間業績評価が実施されるまえに行われたことである。第2に，勧告の方向性をふまえて見直しが行われ，また見直し内容が着実に具体化されるのであれば，勧告が実行されなかったことである。そのかわり，今後，政独委員会は，年度業績評価の機会に見直し内容の具体化の状況を把握し，行政改革推進本部に所要の報告をすることとなった。

　このように，「組織業務見直し」によって，見直しにおける政府の関与が実質的に制度化されることとなったのである。

「骨太方針2004」と独立行政法人の見直し
　2004年6月，「経済財政運営と構造改革に関する基本方針2004」，いわゆる「骨太方針2004」が閣議決定され，独立行政法人については，見直し対象法人の検討に2004年夏から着手し，年内に相当数の結論をえることとなった。各府省との協議をふまえて，05年度末までに，中期目標期間が終了する56法人のうち，04年中に見直しの結論をえる相当数の法人として，32法人が選定された。また，「骨太方針2004」を受けて，政府の特殊法人等改革推進本部参与会議のメンバーをそのまま引き継いだ「独立行政法人に関する有識者会議」(以下「旧有識者会議」)が行政改革推進本部に設置されることになった。この設置の背景には，独立行政法人の適切な見直しが実施されるべく，特殊法人改革の経験を生かすことにあった。

　旧有識者会議は，見直し内容の検討方向を提示し，また行政改革推進本部は，政独委員会からの勧告の方向性や意見をふまえ，つぎのような見直し内容で了解した。

①対象32法人を，廃止統合により22法人に再編する。
②公務員型の独立行政法人28法人のうち，研究開発・教育関係25法人を非公務員化する。
③事務・事業の廃止，重点化，民間移管などを実施する。

ここでは，以下の3点を指摘することができる。まず，消防研究所と農業者大学校の2法人が廃止されたことである。消防研究所は，国の危機対応に必要な機能として国（消防庁）に統合され，農業者大学校は，先端農業技術の教育機能が農業・生物系特定産業技術研究機構で実施されることになった。したがって，2法人とも純然たる廃止ではない（北沢，2005: 314）。それでも，廃止という「組織業務見直し」で決められた措置のひとつが現実に選択されたことに意義がある。つぎに，「組織業務見直し」の措置として示されている非公務員化については大胆に行われたことである。そして最後は，政独委員会から勧告の方向性が示されるまえに，旧有識者会議が独立行政法人の再編・統合に向けたさらなる検討や職員の原則非公務員化などを指摘したり，見直し内容の検討方向を提示したりしたことである。
　このように，「骨太方針2004」によって，独立行政法人の見直しが内閣のトップダウンとして発せられ，政府による見直しの枠組みが拡張されたのである。

政策金融改革と独立行政法人の見直し
　ところで，2005年には，郵政民営化法案の成立を受けて，すでに方針が決定していた住宅金融公庫をのぞく国際協力銀行などの政策金融8機関の見直しが進められていた。経済財政諮問会議が取りまとめた「政策金融改革の基本方針」では，これらの政策金融機関について，統廃合や民営化といった今後の改革の方向性が示されたが，この改革とあわせて独立行政法人の見直しが行われることになった。そして，2005年12月には，つぎのような「行政改革の重要方針」が閣議決定された。

① 2006年度末に中期目標期間が終了する9法人にくわえ，2007年末に中期目標期間が終了する31法人についても，見直しの検討に着手し，相当数について結論をえる。
②融資業務などを行う独立行政法人については，2008年度末に中期目標期間が終了する法人をふくめ，2006年度中に政策金融改革の基本方針の趣旨をふまえた融資業務などの見直しを行い，結論をえる。

③これらの法人の見直しにあたっては，2006年夏を目途に，政府としての基本的な考え方を取りまとめる。また，政独委員会は，見直しの方針を別途策定する。

　行政改革の重要方針をふまえて，「独立行政法人に関する有識者会議」を改組した「行政減量・効率化有識者会議」（以下「新有識者会議」）は，2006年5月，2006年度中に融資業務などを行う独立行政法人をふくめた23法人の見直しを決定した。この見直しについては，2006年6月に成立した「簡素で効率的な政府を実現するための行政改革の推進に関する法律」，いわゆる「行政改革推進法」や同年7月に閣議決定された「経済財政運営と構造改革に関する基本方針2006」，いわゆる「骨太方針2006」においても政府の方針としてふれられている。また，政独委員会は，独立行政法人の収支改善を図る観点を含めた見直しの方針を取りまとめた。そして，2006年12月に①業務の廃止・縮小・重点化，②融資業務などの見直し，③非公務員化を柱とした見直し内容が決定された。

　ここでの要点は，つぎのように整理することができる。まず，「骨太方針2004」の方針にのっとった見直しと同様，見直し時期の前倒しが行われたことである。つぎに，政策金融に関する業務部分は，2006年度中にすべて見直しが実施されたことである。そして，見直しが経済財政諮問会議や新有識者会議を中心とした政府主導となったことである。新有識者会議では，旧有識者会議のように独立行政法人の見直しだけでなく，政策金融改革や定員純減による総人件費改革も議論の対象としている。

　このように，独立行政法人の見直しが小さな政府の実現に向けた行政改革の一環として議論されるようになったのである。

3　独立行政法人評価とガバナンス

独立行政法人と主務大臣との関係距離
　行政改革会議最終報告は，独立行政法人に対する統制についてつぎのように述べている（行政改革会議事務局OB会編，1998: 93-94）。まず，主務大

臣の独立行政法人に対する関与は，法人の業務および組織運営に関する基本的な枠組みにかぎられるものとしている。また，この関与を制限することにより，法人運営の細部にわたる事前統制を極力排し，組織運営上の裁量・自律性を可能なかぎり拡大するものとしている。従来の特殊法人においては，国からの関与の範囲が必ずしも明確ではなく，「国が手取り足取りの関与を日常的に行う」，「特殊法人も国に依存する傾向を強める」などの弊害がみられたからである（箕浦，2006: 73）。このように，独立行政法人制度の基本概念として，国の統制の制限が唱えられていた。

しかし，従来どおりの主務大臣の関与が引き続き非公式に行われるとき，また，府省委員会や政独委員会の評価結果に対して独立行政法人に明確なインセンティブが働かない場合は，独立行政法人制度の基本概念である裁量・自律性の拡大につながらないおそれがある。むしろ，独立行政法人としていくら組織的に分離しても，両者の緊密な関係が維持される可能性は残されている（多賀谷，1998: 11）。たとえば，通則法上，中期目標は主務大臣が，中期計画は独立行政法人がそれぞれ策定することとなっている。しかし，実際の運用上，目標・計画の策定に関して主務官庁の主管課と独立行政法人は相互依存関係にあることが多い（稲継，2006: 54）。このように，独立行政法人制度による企画立案部門と実施部門の分離は完全に達成されているわけではなく，実際は組織上の分離にともなう新たな階層化が生まれているといえよう。

独立行政法人評価の政治化

独立行政法人評価を，①中期目標，中期計画，年度計画，②業績評価，③見直し，の三つの評価段階毎にアクターの関与を図式化したものが図4である。まず，PDCAサイクルのPlanに相当する中期目標，中期計画，年度計画の策定におけるアクターの関係は，すべて通則法上にのっとったものである。しかし，Checkの業績評価になると，行政改革推進本部が関係することになる。そして，Actionとしての見直しの段階になると，新有識者会議や行政改革推進本部が直接かかわることとなる。このように，見直しの実際の展開をみると，内閣レベルの政治的な関与が行われ，独立行政法人の見直しは，

特殊法人の改革と同様に，政治化してくるのである。

　そして，政府の関与の実質的な制度化が，国と独立行政法人のあいだのネットワーク・ガバナンスを複雑なものにしている。たとえば，見直し時期が前倒しになる場合は，中期目標期間の終了年度から1年以上前に見直し内容が決定されるため，主務大臣は，その後1年間程度かけて次期中期目標を策定し，府省委員会にはかっている。このような現状をふまえると，そもそも見直しが政治的に決着しているなかで，中期目標期間の最終年度に実施される中期目標期間業績評価の暫定評価，ひいては中期目標期間業績評価自体が本当に必要なのか議論の余地がある。

　また，内閣レベルの関与に応えるため，政独委員会が独立行政法人評価分科会をつうじてヒアリングを実施したり，ワーキング・グループを設置したりするという実務的な現象も無視することはできない（山谷，2005: 238-239）。もちろん，新有識者会議，政独委員会ともに，独立行政法人業務のヒアリングを行っている。しかし，おなじヒアリングでも中身は異なっている。新有識者会議のヒアリングは，国の歳出の縮減をはかる見地から短時間で行われる。いっぽう，政独委員会のヒアリングは，独立行政法人業務の内容を把握することに重きがおかれている。また，政独委員会のワーキング・グループは，ヒアリングにくわえて現地視察も実施している。これらのことから，政独委員会の見直しはボトムアップで進められていることがわかる。ボトムアップによる評価自体は手段としてまちがいとはいえないが，本来「評価の評価」を担うという政独委員会の本質からは逸脱しているといわざるをえない。

　さらに，このように，独立行政法人評価のプロセスが複雑化するということは，それだけ独立行政法人のみならず，政府全体のコンプライアンス・コストの増加をともなうことを忘れてはならない（西山，2003; 2004a; 2004b）。

図4 独立行政法人評価とアクターの関与

(1) 中期目標，中期計画，年度計画

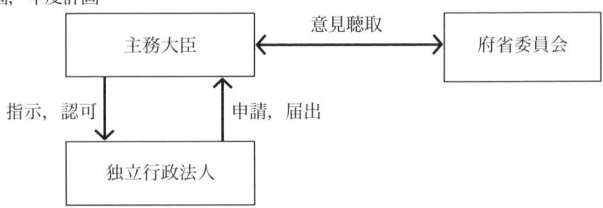

主務大臣 ←意見聴取→ 府省委員会
主務大臣 —指示，認可→ 独立行政法人
独立行政法人 —申請，届出→ 主務大臣

(2) 年度業績評価，中期目標期間業績評価

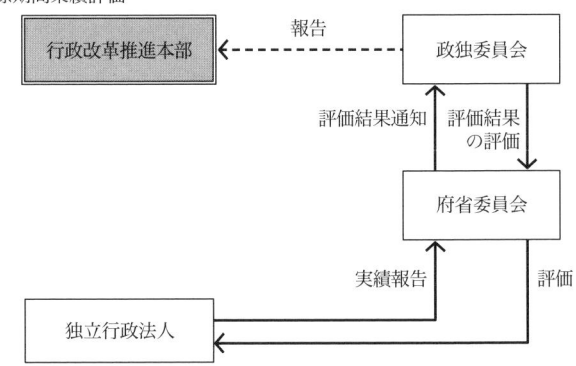

行政改革推進本部 ←‐‐報告‐‐ 政独委員会
政独委員会 —評価結果通知→ 府省委員会（評価結果の評価）
独立行政法人 —実績報告→ 府省委員会
府省委員会 —評価→ 独立行政法人

(3) 中期目標期間終了時見直し

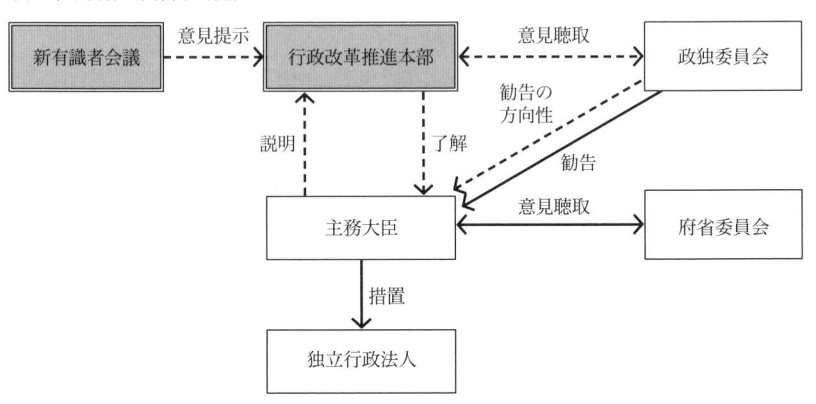

新有識者会議 ‐‐意見提示‐‐→ 行政改革推進本部 ←意見聴取→ 政独委員会
政独委員会 ‐‐勧告の方向性‐‐→ 主務大臣
政独委員会 —勧告→ 主務大臣
主務大臣 —説明→ 行政改革推進本部
行政改革推進本部 ‐‐了解‐‐→ 主務大臣
主務大臣 ←意見聴取→ 府省委員会
主務大臣 —措置→ 独立行政法人

網掛け：通則法枠外のアクター
実線：通則法上の関与　破線：実際の関与

出典：筆者作成。

4　むすびにかえて

　本章では，独立行政法人評価の仕組みと実際の現象を中心に論じてきた。その結果，独立行政法人の制度設計時点では想定しえなかった政治的な政策展開が混入していることがあきらかになった。たしかに，独立行政法人評価の政治的な関与は，公共サービスの業績を評価するという観点において必ずしも否定的なことではない。しかしながら，政治化により統制の環境が年々強化されていることが，独立行政法人評価の混乱を招いている。いいかえれば，政治化が国と独立行政法人間のネットワーク・ガバナンスにおける事前統制から事後統制への適切な移行を阻害しているのである。この現象は，もう少し視野をひろげて，公共サービスの外部化という方策で共通している指定管理者制度や市場化テストにおける評価の課題として参考になりうるものである。

　2007年6月の「経済財政改革の基本方針2007」，いわゆる「骨太方針2007」では，すべての法人を対象とした独立行政法人整理合理化計画を策定することが閣議決定された。ここでは，従来の「官から民へ」の原則，「民」との競争の原則にくわえ，公務員制度改革，政策金融改革，国の随意契約の見直し，国の資産債務改革といった他の行政改革との整合性をはかることが求められている。つまり，これまでの新有識者会議や政独委員会といった独立行政法人評価を担うアクターだけではなく，都市再生機構や緑資源機構，そして日本貿易振興機構をとりあげた「規制改革会議」，独立行政法人の市場化テストに関与する「官民競争入札等監理委員会」，そして独立行政法人が所有する資産の処分や圧縮を提言した「資産債務改革の実行等に関する専門調査会」におけるそれぞれの議論が独立行政法人の見直しに影響することを意味している。ここから，独立行政法人整理合理化計画は，独立行政法人評価における政治化の究極的な事象としてみることができる。

　また，国の事務・事業が独立行政法人化した法人，いわゆる「先行独法」ではなく，規模や財務支出が相対的に大きい特殊法人から移行し設立された独立行政法人，いわゆる「移行独法」が独立行政法人評価における政治化の

一因であると考えるならば，独立行政法人整理合理化計画は，2001年12月に閣議決定された特殊法人等整理合理化計画以来の大きな特殊法人改革と位置づけることができよう。そして，このような政治化の潮流において，独立行政法人評価におけるガバナンスを整理するためにも，独立行政法人評価の理念にそくした制度の改善が求められるのである。

第6章　ローカル・ガバナンスと自治体内分権

坂口　正治

1　はじめに

　わが国では，2000年4月の地方分権推進一括法の施行によって本格的な分権時代に入った。そして，2006年12月に成立した地方分権改革推進法は，その動きを一段と加速させる契機となった。

　地方分権改革推進法の基本理念は，自治体みずからの判断と責任による行政運営の促進にあるが，自己決定・自己責任よる行政運営はいまだ実現されていない。この実現こそ，地方分権改革の最大の目的であり，国と自治体の責務としても，行政のいっそうの簡素化と効率化を推進していくべきである。しかし，自己決定・自己責任の経営原則と簡素で効率的な自治体の実現というのは，ことばはおなじでも，立場によって具現化される姿が異なる。住民の意向や地域社会の実情にそくした経営の理念と基本方針を，自治体がもつことが肝心なのである。

　わが国の自治体行政・議会や地域社会の運営そのものを，変えていく必要がある。それは，地方の公共領域における国・自治体とその他の主体の関わりが変化していくことを意味している。ローカル・ガバナンスは，公共領域のあり方を示す規範概念であり，現状を分析するための分析概念でもある。この概念をふまえて，地方の公共領域における自治体行政とその他の主体との関係を再検討する必要がある。

　本章では，さらにしぼって，公共領域における自治体行政の運営権限とその他の主体の関係に注目していく。平成の市町村合併によって生みだされた地域自治組織と自治体行政の関係，すなわち自治体内分権について検討していく。そして，ローカル・ガバナンスと自治体内分権との関係をもとにしな

がら，伊賀市と住民自治協議会，上越市と地域自治区という自治体内分権の事例を取り上げ，実践レベルにおける現状とその課題をあきらかにしていくことにしたい。

2 ローカル・ガバナンス，地域自治組織，自治体内分権

ローカル・ガバナンス

ローカル・ガバナンスについて考える場合，大きな論点となるのは，ガバメントとガバナンスの違いである。この場合，ガバメントからガバナンスへというフレーズは，「地方の公共の役割が国から自治体へ，自治体から地域へと委譲されていくもの」であり，いっぽうガバナンスは，「自治体と地域による協治の状態をさす」ものとして使われてきた。

しかし，ガバメントとは政府そのものであり，ガバナンスとは統治をすること，すなわち統治の状態をさす。したがって，ガバナンスを分析概念として用いる場合，ガバナンスに関わる主体と範囲，程度の特定が必要となる（山本啓，2004c）。つまり，どの主体がどの範囲で，どの程度ガバナンスを行うのか，おなじ領域を複数の主体が担うのか，複数の主体は交差するだけなのかなどについて特定しなければならない。

山本がいうように，ローカル・レベルにおけるガバナンスは，いくえにも重なる多様な主体によるガバナンスであり，これまで自治体行政が寡占的に担ってきた従来の公共領域を，地域団体・NPO・企業など自治体行政以外の主体も担い，自治体行政と連携する領域を拡げていくということを意味している。このことから，自治体行政とその他の主体による協治の領域は，単なるガバナンスではなく，それとは区別されるコー・ガバナンスであるということになる。

しかし，「ガバメントからガバナンス」という立場と山本が示す立場は，ローカル・ガバナンスを論じる場合，つぎのような方向性を共有していると考えられる。すなわち，地方の公共領域は，中央省庁の指揮監督に自治体行政がしたがう関係から，自治体による自己決定・自己責任へ，中央省庁と自治体による寡占状態から他の主体が関わる領域へと変化しつつあるというこ

とである。地域自治組織が関わる領域を拡大するためには，自治体が寡占的に公共領域に関わっている状態から，自治体行政が保有している権限を地域自治組織に移譲し，何らかの権能を付与する必要がある。これを具体化するために用いられる概念が，自治体内分権なのである。

地域自治組織
(1) 地域自治組織の諸相

　周知のように，平成の市町村合併は，地域自治組織という新たな自治組織を生みだす契機になった。一口に地域自治組織といっても，その定義も論者によってさまざまである。ここでは，地域自治区（地域自治区事務所および地域協議会），合併特例区，住民自治協議会，地域振興協議会など，合併に際して新たに設置された自治会と，自治体行政・議会との中間に位置する団体のことをさす。任意団体である自治会とは異なり，自治体行政が行う当該地域の公共サービスに関する決定プロセスについて関与する権限を，法律上あるいは条例上付与されていることを条件とする。

　ところで，合併にともなって地域自治組織を設置したものの，それを活用して，どのような社会的な価値を生みだすことができるのかとまどっている自治体が多い。自治体は，財政難によって組織・事業・人員が縮減される状況にあり，自治体行政が関わる公共領域を縮減し，地域自治組織に担ってもらいたいという期待が生じる。それに対して，地域自治組織に関わる市民活動家は，自治体行政の押しつけと責任逃れを出発点にするのではなく，地域自治組織がみずからの役割を自己決定し，自治体行政と連携するという場合には，責任をもって企画段階から参画したいという願いが生じる。こうした思いが混在したまま，合併前の旧市町村の権益を守るための手段としての機能が強調され，合併後に地域自治組織の活用に悩まざるをえないという事態になっているのである。

　この状態を打開するために，地域自治組織制度が創設された理念の本義に立ち帰り，それぞれの地域特性に応じた活用方法を検討しなければならない。

(2) 地域自治組織の理念の本義

　地方分権推進法にも謳われていたように，地方分権改革は，国民が豊かさとゆとりを感じるものとするために開始された。同時に，戦後の疲弊した国の諸制度を根本的にあらためる構造改革を進めるものでもあった。その基本方策は，政策形成・決定権限の分散化，政策形成・決定プロセスおよび主体の再構築である。そのためには，自治体行政・議会の自覚的運営とともに，地域住民みずからが自治体行政・議会に関心をもち，その意向が自治体行政・議会の政治・事業に反映される仕組みの構築と運用が必要となる。

　したがって，地域自治組織は，地方分権推進法第7条にあるように，行政の公正の確保と透明性の確保，住民参加の充実に資するものでなければならない。第27次地方制度調査会の答申は，地域自治組織を自治体行政と住民の協働の要にすえようとしていた。まさに，地域自治組織は，合併を進めていくうえでの一時的なものではなく，身近な自治体行政・議会の政策形成・決定・実施に住民がより深く関わるための協働の基盤づくりを行う組織をつくりだすことにその本義がある。

　こうした理念と基本方針に立ち帰ることが，自治体行政・議会の活動が適切なものであり，その対応方法が妥当なものかどうかをめぐって地域住民が納得する説明責任を果たすことにも役立つのである。地域住民からすれば，公開と応答にもとづく情報共有によって，自分たちが選んだ代表が自分たちの税金をもとにした予算をどのように使っているかを把握し，自分たちが求めるサービスの提供が行われる可能性を高めていくことにつながるのである。地域自治組織は，自治体行政・議会が真に住民のための団体となるために，自治体行政・議会と住民・地域団体の媒介の役割を果たすのである。その性格は，従来からの自治体行政と自治会・町内会の補完関係，分野別の縦割り関係，自治会・町内会内部の上下関係ではなく，自治会・町内会のメンバー間の対等な関係，世帯ではなく個人による参加，多様な団体の参加によって，自治体行政との対等な関係を確保するものでなければならない。

　こうした理念にもとづいて地域自治組織の導入をめざした自治体に，浜松市，新潟市，上越市，伊賀市などがある。協働の基盤づくり段階としてみていくならば，自治体行政・議会と住民・地域団体のあいだで公開と応答によ

る情報共有が実現されたつぎの段階を，自治体内分権と呼ぶことができる。この点は，自治体内分権の議論のなかではあまり注目されていないが，公開と応答による情報共有が自治・協働の原点であることは，ニセコ町の例をまつまでもない。

 自治体内分権
(1) 自治体内分権における日本の特徴
　自治体内分権は，都市内分権あるいは地域内分権とも呼ばれるが，自治体行政・議会の権限をそれ以外の主体へ移譲するということが共通の理解となっている。自治体内分権とは，自治体区域内で自治体行政・議会から他の主体へ権限移譲することだけではなく，自治体行政内の権限委譲としての庁内分権をもさしている。
　そこで，自治体内分権についてわが国の特徴を明確にするために，名和田是彦の考え方を紹介することにしよう（名和田，1998）。

① ドイツの各州の地方自治法は，自治体内下位区分の制度を定めている。
② 都市自治体の行政は，市民に身近な性格のものであり，それを実現するために，区域をさらに区分して，区ないし地域を設け，行政の支所をおき，それに付帯して住民の代表組織を設置している。
③ これは，「決定権限の分散」と考えられる。
④ 「決定権限の分散」は，地区の一般意思が組織的なプロセスを経て表明され，国家によって受けとめられて，制度上の一般意思（国家意思）へと転換される。
⑤ そのことにより，市民社会内部においては享受できない便益があたえられる。
⑥ 自治体内下位区分は，日本の「都市内分権」のドイツ版にあたるといってよい。

　そのうえで，名和田は，日本の自治体内分権が，第 27 次地制調の答申にあるような諮問審議権，建議権をもち，地域社会に必要なサービスの提供を

自治体行政とともに担う協働という特徴をもつというのである（名和田，2004）。

　そこで，ローカル・ガバナンスの観点からすれば，自治体行政から地域自治組織へ公共領域に関する権限移譲される権限の内容と程度が問題になる。わが国の自治体内分権でも，公共領域のルール，計画，実施方法などの決定プロセスへの関与権が地域自治組織に認められ，同時に協働の基盤づくりや実働といった機能が期待されている。すなわち，ローカル・ガバナンスや自治体内分権で問題となる「分権」とは，自治体行政・議会がもつ決定権や執行権の移譲を射程にした「決定権限の分散」である。したがって，わが国の自治体内分権の規範性は，「決定権限の分散」の程度であるといえよう。

(2) 関与権

　諮問審議権・建議権といった自治体行政・議会が独占していた政策決定およびその過程について，地域自治組織が地域社会に関わる範囲内で影響力を行使する権限は，関与権を意味している。したがって，関与権の発動は，地域住民の代表で構成される機関によって行われるべきものである。地方自治法，合併特例法で法制化された地域自治区は，表1からわかるように，諮問審議権・建議権を発揮する機関としての地域協議会に体現されるはずである。ところが，地域協議会の委員は，公職選挙法にもとづく選挙で選ばれるのではなく，首長の意向のみで任命された委員で構成されている。そのため，権限行使の正当性に欠け，答申から後退したものになってしまっているのである。

表1　地域協議会の役割

　地域協議会は、住民に基盤をおく機関として、①～③の役割を有し、基礎自治体の一部として事務を分掌するものとする。
　① 住民及び地域に根ざした諸団体等の主体的な参加を求め、多様な意見の調整を行い協働の要となる。
　② 地域自治組織の区域に係る基礎自治体の事務に関し、基礎自治体の長その他の機関および地域自治組織の長の諮問に応じて審議する。
　③ 地域自治組織の区域に係る基礎自治体の事務に関し、必要と認める場合事項について、それらの機関に建議する。
　④ 基礎自治体の判断によるが、地域自治組織の区域に係る基礎自治体の予算、基本構想、重要な施設の設置および廃止等一定の事項については、基礎自治体の長に必ず地域協議会の意見を聴くように求めることが考えられる。

出典：第27次地方制度調査会答申をもとに作成。

やはり，地方自治法・合併特例法による地域協議会の委員は，国民の代表で構成される国会が定めた法にもとづいて選出される必要がある。権限移譲が市区町村から行われる以上，代表の選出方法も，法にもとづく選挙によるものでしかるべきである。自治体行政・議会の権限は，国民代表による国会が定めた法にもとづいて，選挙で選出された住民代表に授権されるものである。それとおなじく，地域協議会の委員も，法にもとづく選挙で選出された委員によって構成される必要がある。

自治体内分権からすれば，わが国の議会制民主主義の限界と，第1次地方分権改革の残された課題である住民自治の拡充に挑戦することが望まれる。すなわち，地域社会に限定されるが，地域自治組織による諮問審議権・建議権の確保は，これまで自治体行政・議会が独占していた税金の使途・事業内容，権利擁護・規制方法，日々の行政活動の進め方など住民生活に影響をおよぼす決定を，住民みずからが選んだより身近な代表者にゆだねることを意味している。そのことによって，住民の決定への参加に一歩近づくのである。

また，地域住民の代表による地域協議会が，諮問審議権・建議権をもち，その権限行使にあたって地域住民に諮り，そのプロセスと結果を公表し，意見を採り入れるといった活動が定着するならば，自己決定・自己責任の経営原則のもと，簡素で効率的な政府を実現すべき自治体行政・議会にとっても有益である。というのは，地域住民の代表による決定が判断の公正性と納得を生みだし，それが行政組織および職員自身の活動の正当性を確保することになるからである。

(3) 協働の要

つぎに，協働の要についてであるが，協働の内容の「企画参画」と，実際の作業の「実働参画」にわけることができる。ふたつの参画は，状況や主体によって異なる。多くの場合，財政難に瀕した自治体行政が人員・予算・機能ともに地域への関わりを減退させ，従来の地域サービスを縮小せざるをえない状況から考えると，その実働の担い手として自治体行政が地域住民や地域団体などによせる期待の表れともいえる。

しかし，地制調の答申の意図をふまえるならば，地域自治組織における協

働は，行政が関わることができなくなった公共サービスの提供を補う下請け機関の創設であってはならない。つまり，地域に必要なサービスやその提供方法は何かということについて，地域住民と地域団体のあいだで話し合いと検討が行われ，地域社会の代表で構成される地域協議会と行政が協議を重ねたうえで，協働が実現されるのでなければならない。したがって，地域自治組織は，諮問審議権・建議権を，参画という意味での協働を担保するものとして行使し，そのうえで実働負担という意味での協働を推進する要となるべきである。

地域自治組織に関わる主体は，みずからの利益を第一に考えるのではなく，地域住民の暮らしや地域社会の安定と自助努力による豊かさが実現する社会の基盤づくりを旨とし，自治体行政・議会の力量と当該自治体全体や他の地域自治区とのバランスをみさだめ，区としての意向をまとめ，自治体運営への反映に専心しなければならない。その意味において，地域自治組織は，まさに「地方自治は民主主義の学校」であるということを，住民がより身近に感じるものとなるであろう。

そこで，理念と実践との差を明確にするために，伊賀市と上越市の事例について検証していきたい。自治体ごとに制度を運用する環境が異なる現状においては，従来の仕組みを根本的に変えていく構想を実現し，改革を実践していく道のりは遠い。これらふたつの自治体を対象としたのは，地域自治組織の本義を理解し，地域自治組織が諮問審議権，建議権，協働の機能をもつよう，合併時の構想の段階から制度化を実現し，実践へと歩みを進めているからである。

いつの時代でも，構想と実践の実現に向けたフォアランナーの努力ははかりしれない。フォアランナーが課題を解決しようと試みる過程とその成果は，後続のものにとって大きな財産となる。伊賀市は，法によらない独自の自治組織である住民自治協議会を設置し，上越市は，合併特例法にもとづく地域自治区を設置した。両方とも，法による地域自治区制度の不足を補う制度を構想し，実施している。

上越市は，合併によって区域が広くなる自治体の政策決定を，市議会議員だけにゆだねるのではなく，旧町村の区域に関わる事項について，当該区域

における住民の代表による関与の権限にゆだねようとした。伊賀市は，これにくわえて，住民自身の生活基盤づくりにおける自助力の醸成を念頭において，その担い手を自治会から住民自治協議会へ転換し，行政と住民自治協議会との協働をもターゲットに入れている。

3　伊賀市・上越市における制度

制度の構想上の特徴

伊賀市の住民自治協議会と上越市の地域自治区における制度上の特徴は，表2のとおりである。両組織とも，制度の選択は異なるが，設置背景や目的についてはつうじあうところがある。つまり，住民自治の拡充を基本として，制度設計を行っているのである。

表2　伊賀市・上越市地域自治組織の特徴

	伊賀市住民自治協議会	上越市地域自治区
設置根拠	伊賀市自治基本条例26条	合併特例法5条の5第1項 上越市地域自治区の設置に関する協議書
設置区域	小学校区	旧上越市をのぞく旧町村単位
設置数	38	13
構成員	区域に住むまたは活動する個人，団体，事業者等	市長が任命した委員。市長は選任投票を実施した区の委員を任命するときは，投票結果を尊重する。
設置背景	自治会をベースとし行政主導による各種団体が設立されてきたことやテーマ別に住民の自発的な活動が生まれてきたことから地域全体の統合力や課題解決力が低下してきたことに対応するため。	住民自治の拡充を基本構想とし，市域が広がり，住民の意見が反映されなくなるのではという住民の懸念や不安を解消し，併せて住民が追記の課題に主体的に取り組み，解決していくことができる新しい自治の仕組を確立するため。
設置目的	地域（ヨコ）に強い活動基盤をもつ自治会と専門的な立場から地域の課題を解決しようとする目的別団体が協働できる基盤とするため。	市長の権限に属する事務を分掌させ，地域住民の意見を反映させつつこれを処理させるため。

出典：「伊賀市自治基本条例」，「住民自治のまちづくり塾報告書」をもとに作成。

伊賀市の住民自治協議会の設置条件によれば，①共同体意識の形成が可能な一定の地域，区域内のあらゆる住民が自由に参加できること，②運営の役員や代表者が民主的に選出されること，③地縁団体や目的別団体とともに，身近な地域の課題を話し合いで解決できるよう，地域住民によって自発的に

設置された組織であることが求められている。

　伊賀市においても，地域全体としての統合的な調整や課題解決力が低下してきており，地域に強い活動基盤をもつ自治会と，より専門的な見地から地域課題を解決しようとするNPOなどの目的別団体が互いに連携する場が必要であるという認識のもとに，住民自治協議会が設立された（伊賀市，2006）。

権限の内容
(1) 伊賀市住民自治協議会・伊賀市住民自治地区連合会

　伊賀市では，自治体行政が保有してきた権限の一部を住民自治協議会に移譲する制度を構築している。伊賀市住民自治協議会の権能の内容は，表3のとおりである。

表3　伊賀市住民自治協議会権能の内容

権能	権能の内容
諮問審議権	新市建設計画の変更，総合計画の策定・変更など
［根拠］	自治基本条例第26条第1項
［ポイント］	行政による恣意的な制限を防ぐため，すべてを規則にゆだねず重要事項を条例化
提案権	身近な市の事務の執行等について，市長に提案。市長は尊重義務あり
［根拠］	自治基本条例第26条第2項
［ポイント］	審議会や市の上位機関でないため強力な勧告権はない。
同意権	住民に密接な市の事務で重要な影響をおよぼすものは同意が必要
［根拠］	自治基本条例第26条第3項
［ポイント］	対象は柔軟に対応するために規則化
決定権	住民に密接な市の事務で住民自治協議会が受託の意思を決定した場合は，市長はそれを尊重する。
［根拠］	自治基本条例第26条第4項
［ポイント］	行政から委託のメニューの提示があったものに対して，是非の判断をするもの

出典：資料：「伊賀市自治基本条例」，「住民自治のまちづくり塾報告書」をもとに作成。

　伊賀市の自治基本条例は，諮問審議権，建議権にくわえ，同意権，決定権と一歩ふみこんだ権能を住民自治協議会が保有することを認めている。これ

は，地域内分権を関与権にとどめず，伊賀市行政組織内の庁内分権と関連させ，行政が担ってきた地域内の狭域事務について，行政と住民自治協議会による協働（企画，実働）を念頭においたからである。つまり，自治体行政の人員・事業・予算が減り，地域社会に関わる力を弱めているなかで，地域社会における公共サービスは，地域住民自身が担うことが基本であるという考え方から発している。

地域社会における公共サービスの内容は，自治体行政・議会のみで決定するのではなく，地域社会の住民自身が決定するものである。その実施も，旧来の自治体行政と自治会の補完関係や自治会役員と住民との強制関係からではなく，地域住民自身が決定するものでなければならない。これは，本来の住民自治の原点に回帰するという自治の構想から発したものである。伊賀市の住民自治協議会は，住民自身の発意で設立されたものであり，自治会と市民活動団体を包括し，構成員も世帯単位ではなく，年齢や性別にこだわらず個人単位での加入を原則としている。この構想を実現するため，住民自治協議会自体が判断し，実行できる財源として，設立交付金，地域交付金が創設された。

住民自治協議会が権能をもつ根拠は，伊賀市自治基本条例で，住民自治協議会を住民の代表機関としてあつかうと規定することで担保されている。その代表者・役員の選任手続きは，各住民自治協議会が任意で定めるが，自治基本条例第24条第5項は，その手続きを各住民自治協議会が民主的な方法で決定することを要請している。

また，地域自治組織と権限行使の受け手である自治体行政との関係についていえば，伊賀市の住民自治協議会では，団体としての意思決定や権能行使，市の支所担当課や本庁市民生活課などとの交渉は内部の運営委員会が行う。いっぽう，協働の実働参画あるいは自主活動は，内部の各種実行委員会が行う。もちろん，運営委員を各種実行委員会の長が併任するなど，運営委員会の意思決定に実行委員会の意向が反映されるようになっている。住民自治協議会の意見提案や審議結果の受け手は，各支所か本庁市民生活課で受けることを基本としている。また，住民自治組織の運営や自主活動の支援を市民活動支援センターが担っている。

さらに，伊賀市では，住民自治協議会とはべつに，表4にあるような，支所（旧町単位）区域内の各住民自治協議会の代表などで構成される住民自治地区連合会を設置している。

表4　住民自治地区連合会の特徴と機能

概要・役割	機 能 の 内 容
設置根拠	自治基本条例第26条第1項
設置区域	支所（旧町単位）区域内
設置数	6
構成員	区域内の各住民自治協議会の代表など
諮問審議	新市建設計画の変更，総合計画の策定・変更など
［根拠］	自治基本条例第33条
［ポイント］	新市建設計画の記載はないが，合併協議の決定事項のため，条例で規定
提案	新市建設計画の変更，総合計画の策定・変更，身近な市の事務の執行等について，市長に提案。市長は尊重の義務あり。
［根拠］	自治基本条例第34条
［ポイント］	新市建設計画の記載はないが，合併協議の決定事項のため，条例で規定

資料：「伊賀市自治基本条例」，「住民自治のまちづくり塾報告書」をもとに作成。

伊賀市自治基本条例によれば，住民自治地区連合会の機能は，権能ではなく，所掌事務にもとづくものとされている。しかし，その作用は，住民自治協議会の諮問審議権，提案権と同様である。それにくわえて，伊賀市では，各住民自治協議会が地域まちづくり計画を策定し，それを住民自治地区連合会にもちより，市役所担当課および事務局である各支所の生活環境課を交えて議論を重ね，地域まちづくり計画を統合するかたちで策定される地区別計画（地域振興計画）を，市の基本計画のなかに位置づけている。その意味では，個別の住民自治協議会よりも住民自治地区連合会のほうが，組織の意思を自治体行政・議会の政策に反映していく程度は高い。

(2)　上越市地域協議会

上越市では，自治体行政が保有してきた権限の一部を各地域自治区の地域協議会に移譲する制度を構築している。その権限が関与権である諮問審議権，建議権（上越市では意見具申権）に特化しているところに特徴がある。さら

に，現行の地域協議会は，決定に重きをおいた制度であり，協働の実働参画にはなじまないが，協働の実行主体として自治会や住民自治組織を念頭におきながら，今後も検討をつづけるとされている（上越市企画・地域振興部，2007）。

表5にあるように，地域協議会が関与権を保有する根拠については，条例によって地域協議会の委員が住民の代表であるとみなすことで担保している。その手続きは，上越市地域協議会委員の選任に関する条例にもとづき，各区に割り当てられた地域協議会委員数に対し応募者が多数の場合選任投票制度を採用し，その結果を尊重して市長が委員を任命することになっている。すでに，地域協議会委員の選任投票が実施されている。また，地域協議会と権限行使の受け手である自治体行政との関係については，地域協議会が団体としての意思決定を行い，地域自治区事務所である総合支所をとおして，関係各課へ意見提案や審議結果を伝達し，権限行使を行う仕組みになっている。

表5 上越市地域協議会における権限の内容

権限	内容
諮問審議権	地域自治区事務所の所掌事務に関する事項，市が処理する当該区域の事務に関する事項，市事務処理にあたって当該区域住民との連携強化に関する事項について，市長その他の市の機関により諮問されたことを審議する。 新市合併建設計画の変更や当該区域内の公の施設の設置・廃止および管理の在り方に関する事項，市の基本構想等のうち，当該区域に関する重要事項について市長はあらかじめ地域協議会の意見を聞かなければならない。
［根拠］	上越市地域自治区の設置に関する協議書8条1項，2項
［ポイント］	選任投票を経て任命された委員によって構成する地域協議会の決定は市行政機関に対してゆるやかな拘束力をもつ。
意見具申権	地域自治区事務所の所掌事務に関する事項，市が処理する当該区域の事務に関する事項，市事務処理にあたって当該区域住民との連携強化に関する事項について，必要と認めるものは新審議し市長その他の市の機関に意見を述べる。
［根拠］	上越市地域自治区の設置に関する協議書第8条第1項
［ポイント］	選任投票を経て任命された委員によって構成する地域協議会の決定は市行政機関に対してゆるやかな拘束力をもつ。

資料：上越市「地域自治区の設置に関する協議書」をもとに作成。

4　制度の運用による課題

　伊賀市，上越市における制度の構想をふまえて，自治体内分権における諮問審議権，建議権，協働という点について，その制度運用上の課題を検討してみたい。上越市は諮問審議権，意見具申権（建議権）の2点について，また伊賀市は自治体内分権の3点について取組んでいる。ここでは，諮問審議権・建議権に関わる課題については両市の事例から，協働に関わる課題についてはおもに伊賀市の事例から検討してみたい。

諮問審議権・建議権に関わる課題
(1)　本庁第一主義
　伊賀市の住民自治協議会にしろ，上越市の地域協議会にしろ，地域自治組織が決定した意思を市行政に反映するためには，それを担保する制度が行政組織内で確保される必要がある。そのため，現場に近いところに予算と人員を重点的に配置し，残ったところを本庁が担うという庁内分権の構想も用意されている。しかし，両市にかぎらず，合併した自治体は，一体化した市として本庁による各出先機関の管理力を高めていく統合をはかろうとする力と，庁内分権をはかろうとする力がせめぎあう。しかし，そのほとんどの場合，前者の力が強く作用する。この本庁の指示を第一に考える主義と，地域自治組織の権限の行使との関係は，つぎのようになっている。
　上越市では，地域自治区事務所長は部（次）長級で，そのほとんどは旧町の総務課長が着任している。しかし，事業の実施，支出命令にあたって，所長決裁後，その業務ごとに関連する本庁の担当係の承認をえなければならない。区事務所からの要請を受け，本庁担当者は審査・稟議の手続きに入るが，担当課の係長の承認がえられない場合，区事務所からの要請は内容の見直し，要請自体の却下といった事態となる。これは，都道府県や政令市・中核市など，一定の規模があり広域化している自治体でみうけられる本庁と出先機関の関係である。だが，自治体内分権による地域自治区制度の導入の主旨からすれば，部（次）長級の所長決裁の効力が係長級の承認いかんによって取り

消されるという事態への対応の検討をしなければならないと関係者は考えている。

(2) 権限の正当性

地域住民のための権限は，市行政・議会の政策の根拠としてぎゃくに利用されることも考えられる。伊賀市の場合には，当該地域の住民自治協議会の同意決定を利用して，市が公共事業を推進する危険性が想定される。また，上越市の場合には，本庁各課が財政課への予算要求や事業拡張・新規事業の創出に際して，地域協議会の意見具申内容を利用することが考えられる。このように，権限は使用する主体や権限行使の対象となる主体によって作用が異なる。そのため，権限の行使には，行使主体である地域自治組織の委員の選出（任）について，正当性の確保が必要となる。

この問題について，地方自治法は，地域協議会委員を首長が任命することで担保しようとしているが，これだけで委員の正当性を担保するのはむずかしい。伊賀市と上越市は，この限界を独自の制度によって解消しようとしたのである。

伊賀市の制度でもっとも大切にされている価値は，地域住民の自主性である。そのため，伊賀市は，自治基本条例で，住民自治協議会に権能を認める根拠として，住民自治協議会の代表者・役員の選任を民主的な方法で決定することを要請している。その民主的な方法の選択は，各住民自治協議会にゆだねられている。しかし，現在のところ，実際に団体の意思を決定し，権能を行使する代表・運営委員会の役員が民主的な手続きをへて選出されたとしても，住民自治協議会を地域住民の代表機関であるとみなすのは困難である。また，代表者や運営委員を選ぶ民主的な手続きについても，どのような手法があるか，市が情報提供を行いながら会員間で十分に議論して決定することが必要である。このことから，住民自治協議会に，住民の代表機関としてのみなし権能を付与することを条例で認める根拠は弱いといわざるをえない。

さらに，伊賀市では，自治基本条例で定められている住民自治協議会がもつ権能の具体的な内容について，市職員，住民自治協議会員という関係者間でも共通認識がない状況にある（W.T.A まちづくりセンター，2006）。

それに対して，上越市では，地域協議会の委員は，応募者が募集数を超えた場合，地域自治区内の選任投票(準公選制)をへて，その結果を尊重して，市長が任命している。また，応募者が募集人数を超えない場合は，応募者のなかから市長が任命する。選任投票制の導入の有無は，合併協議会での議論をふまえ，各地区で決定される。しかし，この選任投票制度は，対象となる旧町村区域の全住民に影響をあたえるものであるにもかかわらず，本制度の導入にあたって住民投票を実施するなど，実施された旧町村議会の議決，合併協議会での決定，地区説明会，地区アンケートをさらに補完する民意を問う手続きが不足していた。

　また，上越市は地域協議会による審議結果や意見について，選任投票実施・未実施にかかわらず差をもうけずに対応している。選任投票を行って権限移譲に対する正当性の不足を補完しようとしたが，実施地区・未実施地区とも同様にあつかうならば，関与権の効力は制度で担保されたものではなく，首長・議会・幹部職員の政治姿勢に左右されるものとなる。この点は，関係者も十分に認識しており，現行法制度の限界と旧市と旧町村間の政治バランスの限界により，現在の制度にいたっている。そのため，準公選制を継続するべきであると考えられている（上越市地域振興・企画部，2007）。

　以上のように，上越市は地域協議会委員の正当性の不足という課題に対して準公選制の導入によって挑んだが，十分に補完されていない現状にある。しかし，これが現行法上で自治体が行える正当性の確保の限界であろう。

　一歩ふみこんで考えれば，法にもとづく委員の選出が必要なのではないだろうか。地方自治法の改正によって，地域協議会委員が公選制で選出される道をひらき，さらに自治体によって公選制の実施の有無を選択できる道をひらくべきだと考える。

　財源からみた権限行使の範囲と実効性
　地域自治組織で決定した事項を実現するための財源については，その決定がどの範囲で，どの程度影響をあたえるかということが課題になる。まず，両市が影響をあたえる財源そのもの，市所管予算については，合併協議会で決定した各旧町への配分額のほかに，伊賀市の住民自治協議会では，自主財

源として設立交付金と運営交付金が付与され，上越市では総合事務所と兼務されている地域自治区事務所運営経費以外には，特段の自主財源の配分はなされていない。

伊賀市では，住民自治協議会が設置された際に，設立交付金 100 万円を限度に，運営交付金を当該年度の住民自治協議会地域交付金の予算総額を均等割 25%，人口割 75% で算出し配分している (両交付金とも設立時期によって配分額の差はある)。これらの交付金は，自主的な設立と運営を行うための支援金の性格を有し，運営交付金は設立から 2 年間の配分期限が設定されている（その期限は 06 年度末）。このことによる今後の運営について，危機感を募らせる住民自治協議会がある。

上越市では，そもそも地域協議会の決定が直接執行につながる予算，すなわち総合事務所長が単独で所管する予算は，合併時に配分されたもの以外は事実上存在しない。したがって，それぞれの地域自治組織ともみずからの決定によって直接執行できる財源はない。そのため，地域自治組織の決定が，本庁の各課が所管する予算編成・決定・執行にいかに影響をあたえるかということが焦点になる。

両者とも，合併時の調整をのぞいて，自主財源を越える決定事項の実現は，諮問審議権・建議権にもとづき，住民自治協議会・地域協議会と支所，支所と本庁の折衝による。しかし，このルートは役所の風土や関わる主体の判断によって左右される余地があるため，機能不全に陥る可能性がある。伊賀市では，その機能について疑問をもたれており，上越市では，市長・議会の政治姿勢や幹部職員の行政姿勢によって，地域協議会からの意見を本庁で尊重している。

協働に関わる課題
(1) 総合計画への反映

伊賀市では，各住民自治協議会が地域まちづくり計画を策定し，住民自治地区連合会，連合会事務局 (市役所支所生活環境課)，市役所担当課による会議で検討をかさね，地域まちづくり計画をまとめるかたちで策定される地区別計画（地域振興計画）を市の基本計画のなかに位置づけている。

総合計画については合併直後から策定に入ったが，策定作業は，各省庁による事業にもとづいた計画（都市計画，農業振興計画，環境計画，福祉計画など）との調整を行うことに終始した。そのため，地区別計画は，他の基本計画とは別立ての構成にされた。地区別計画の各項目のうち，市役所と住民自治協議会が協働するものが多く示されているが，策定時には，その協働という意味は未確定のままであったが，現在はその意味を明確にするよう協議が進められている。

(2)　財　源

　伊賀市の住民自治協議会の設立交付金と運営交付金について，交付金制度導入時に期限を設定した理由は，自治会が自治体行政からの補助金を頼りに運営されており，依存体質から脱しきれないことへの反省からであった。しかし，伊賀市の旧町の大部分では，住民自治協議会の設立にあたって，自治会が中心的な役割を果たすことが求められ，実際に旧伊賀上野市の三田地区住民自治協議会では，住民自治協議会長が自治会副会長，住民自治協議会副会長が自治会長というように，住民自治協議会と自治会の関係を深めている。また，38の住民自治協議会が一律に自立的な活動を展開できているわけではなく，運営交付金の終了に不安を抱く住民自治協議会関係者が存在し，市ではこの対応を検討している。

(3)　地域自治組織と自治会町内会・住民団体

　協働の面で課題となるのは，何をどのように協働するのかという決定と，地域で協働の実働を担うのはどの主体なのかということである。伊賀市の住民自治協議会は，従来の行政と自治会との補完関係による地域運営ではなく，地域に強い活動基盤をもつ自治会と，より専門的な見地から地域課題を解決しようとする目的別団体（住民団体）とが互いに連携する場が必要であるという認識にもとづいて設置された。

　この構想は，地域社会を自治会という日常的に直接接触し，相互に一体感と連帯感を共有している集団を基礎とした運営から，特定の目的のために意図的に組織された集団による運営に転換を試みるために，その過程のつなぎ

として，住民自治協議会の設置をはかったものと考えられる。

　前者から後者への移行は，住民自治協議会制度の創設とともに，迅速に行われるものではなかった。伊賀市の旧町の大部分では，住民自治協議会の設立にあたって，自治会が中心的な役割を果たすことが求められた。また，ヒアリング調査を行ったかぎりでは，住民自治協議会の実働面では，住民自治協議会運営委員会・実行委員会と自治会との関係が深かった。つまり，住民自治協議会の活動において，自治会が大きな役割を果たしているのである。ただし，柘植地域まちづくり協議会のように，構想していた住民自治協議会に近い活動をしているところもある（中川・辻上，2007）。

　住民協議会に自治会・町内会の意向を反映させるとともに，住民自治協議会の活動に対する自治会内メンバーの理解と協力をえるために，旧伊賀上野市の三田地区住民自治協議会では，住民自治協議会長が自治会副会長，住民自治協議会副会長が自治会長というように，自治会の役員と住民協議会の役員を交差させている。いっぽう，三田地区ほど自治会との関係を深めていない玉瀧地域まちづくり協議会では，住民自治協議会の運営に苦慮している。このように，住民自治協議会では，自治会をつうじた顔見知りの連鎖によって，住民自治協議会運営委員会の決定事項の地域内への貫徹，節度を欠いた要望の抑制，地域内の意見調整をはかっている。したがって，現在は，自治会町内会を主とした地域運営からの脱皮に挑戦しはじめているという状況にある。

5　おわりに

　以上のように，伊賀市，上越市ともに自治体内分権の観点から，協働の基盤づくりの要となる地域自治組織の活用に積極的に取組んでいる。しかし，その道のりは遠い。その原因のひとつは，構想に対する現状のギャップにある。このギャップは，わが国の地方自治の未熟さに発している。

　伊賀市と上越市は，地域に関わる範囲という制限をもうけたうえで，住民が市の政治・行政へ参画する権利を拡げる制度を独自に実施している。未知の制度を導入するにあたって，このような課題の発生はとうぜん予期される

ものである。当事者たちは，地域住民が安心して暮らし，生活を豊かにする社会の基盤をつくっていくために，住民みずから身近な自治体行政・議会の政策形成過程や決定に参加し，実施にも関わることが必要であり，自治体内分権を進め独自の自治の基盤をつくっていくという信念をもちながら果敢に挑戦している。

　全国でも，多くの地域自治区，地域審議会が合併にともなって設置された。その設置と役割は，合併を進めるための一時的なものであってはならない。地域自治組織は，自治体行政・議会と，住民・自治会・住民団体との協働の基盤づくりの場となるよう活用されるべきである。また，そのことが，決定権限を分散させ，権限の移譲をうながし，自治体内分権という自治の醸成を進めていくローカル・ガバナンスにつながっていくのである。

第7章 電子自治体とローカル・ガバナンス

藤本　吉則

1　ローカル・ガバナンスと情報

　地方自治体のさまざまな計画をみると,「住民との協働」や「住民参画」というフレーズを用いるものが増えてきている。地域住民, NPO など, 自分の意思にもとづいて地域活動に進んで参加しようとする人びと（アクター）が増加していることを反映しているのであろう。参加の形態も, 個人で参加するものから, 地縁組織単位, NPO などの組織をつうじて参加するなど, 多様化している。

　インターネットに接続しているパソコンや携帯電話の数も増加しており, 2006 年度のインターネット利用人口普及率は 68.5％に急伸した（総務省編, 2007）。この普及のめざましい ICT（情報通信技術：Information and Communication Technology）を地域活動とむすびつけることによって, より多くのアクターが参加できるようにしようとする動きがある。そこで, 本章では, ローカル・ガバナンスのために ICT が果たす役割, さらに電子自治体の推進によってその役割がどのように変化していくのか, これらの点をめぐる電子自治体とガバナンスの関係をあきらかにしていきたい。

　なお, ガバナンスは研究者によって多様な定義がなされているが, 本章では,「統治行為が多元的なアクターたちによって対等かつ相互協調的に遂行されていくその態様を分析的に表現したもの」（新川, 2004: 26）という定義によることにしたい。

組織化された社会と情報

　現在, ローカル・ガバナンスをめぐる議論が行われている背景として, 政

府制度の疲労や既存の仕組みの限界といった見方がある。ここでは，情報の観点からローカル・ガバナンスをめぐる議論を検討するため，フランク・ウェブスターの『「情報社会」を読む』の「組織化された社会」に関する議論を手がかりにしたい（Webster, 1995）。

「組織化された社会」とは，さまざまなアクターが相互調整されることによってなりたっている社会をさしている。コンビニエンス・ストアの弁当を例にとると，それぞれの食材に生産者があり，プラスチック・ケースを製造する業者があり，割りばしの輸入業者があり，食材を加工する調理師がおり，各地域に分散して存在している店に時間どおり届ける運転手がいるというように，弁当が消費者の手に届くまでに多くの関与者が存在しており，それぞれが円滑に相互調整が行えるよう組織化されている社会のことである。コンビニにかぎらず，現在の社会活動の大半は組織化されており，相互調整される範囲も広域化している。

このような傾向が強まったのは，産業革命のあたりからだと考えられる。蒸気機関の登場以前は，人や物の移動範囲が限定されており，手紙を送るといった情報の伝達のためには，人か馬車に手紙を託すしかなく，利用できる頻度，伝達のスピード，伝達できる情報量がかぎられていたため，地域を越えて，相互調整を行うことができる組織は限定されていた。

ところが，鉄道や蒸気船の登場で，これまでより人や物を大量に，高速に，安く運ぶことが可能になった。また，人や物の高速移動をコントロールするため，情報はそれ以上の速さで伝達する必要がでてきた。これにともない瞬時に伝達することができる電信・電話網などの情報伝達技術も発達した。広範囲にわたる物・情報の流れの変化は，しだいに社会構造にも大きな変化をあたえるようになっていき，近代国民国家の成立以降，人びとが生活するために関わらなければならない組織や人間は飛躍的に増加した。

このような組織化された社会においては，組織を円滑に運営するための情報収集が非常に重要である。というのも，相互調整を行うためには，情報にもとづき判断することが不可欠だからである。さきほどの弁当の例でも，店がどこに何店あって，どのルートで何時に配達すればいいのか，また，弁当をつくるため，どの程度の食材が必要で，そのためには，何人の人間を何時

間働かせればいいのか，といったことを決めるための詳細な情報が必要となる。

　近代国民国家を統治する者にとって，情報は，お金や人やモノといった資源をどのように配分し，調整するのかを決定するうえで重要な役割を担っている。そのため，明治政府成立以降，行政機関は，戸籍制度をはじめ，住民情報を把握できる体制を整備し，さまざまな個人情報をはじめ，企業の情報など，大量の情報を集積，活用してきたのである。

　住民と行政の関係の変化
　この傾向は，現在まで拡大しつづけてきている。行政は，きめ細やかな行政サービスを展開するため，より多くの住民の情報を収集しており，これにより，住民の状態を知ることができ，そこから新たな住民ニーズ・行政課題がみいだされ，政策の実施といった行政活動領域の拡大へとつながっている。
　1960年代以降，社会福祉，環境・公害，都市計画など，行政の活動範囲は拡大し，従来であれば個人の領域であると考えられていた活動範囲とまじわる機会が増加した。また，行政が調整し，関与しなければならない事柄も増加し，行政活動領域が拡大していった。
　ところで，これら行政活動領域の拡大に対して，既存の社会システムでは対応することができなくなり，行政の仕組みの見直しがせまられるようになってきている。とくに，行政があつかう対象範囲が広くなったのに対し，①画一的な対応が行われがちで，地域固有の実情に即した活動がなされていない，②財政状況が厳しく現状の活動を維持することが困難になったことが，行政の仕組みの見直しを求める動きの背景として考えられる。
　見直しにあたっては，行政が担っている領域をそのまま行政が継続して担当する方向と，廃止や第三者への移譲をふくめた業務そのもののあり方や役割分担を見直す方向が考えられる。前者は，以前の行政改革でよくとられた手法であり，業務そのものの是非にはあまりふれず，あたえられた業務について，いかに少ない予算や人員で効率的に行うかといった点から，業務改善やシーリングで一律10％減とか，人員の一律減といったかたちで実施される。後者は，第2次臨時行政調査会のあたりから普及しており，行政そのものが

果たす役割の見直しをふくめた行政改革が議論されている。

　たとえば，東京都杉並区では，「スマートすぎなみ計画」のなかで，「平成22年度までに区の6割の事業をNPO等との協働や民営化・民間委託で実施する」とし，区の事業を行政だけで行うのではなく，外部の団体と役割分担を行う計画を立てている（杉並区，2006）。また，国でも公共サービスの経費の削減と質の向上をめざすため，「競争の導入による公共サービスの改革に関する法律」（市場化テスト法）を制定し，公的サービスに官民競争入札を導入している。

　このように，公＝官，つまり，行政だけが公の担い手とする古い見方は捨てられつつあり，アウトソーシングやPFIなど，公共サービスを実施する責任は行政にあるものの，実際のサービスの担い手を民間にゆだねる動きがみられる。

　多様なアクターが統治行為に参加する機会が増加してきた背景として，1990年代からはじまった国と地方の関係を見直す地方分権改革があたえた影響が大きい。1990年代前半から地方分権をめぐる議論が高まり，1995年に地方分権推進法と地方分権推進委員会の設置，2000年の地方分権推進一括法により機関委任事務から法定受託事務へと法制面での分権が実施された。また，三位一体の改革など財政面からも地方に権限を移行しようとする動きがあり，2007年度に所得税から住民税へと税源移譲が実施された。この改革により，これまでであれば，国が政策を立案して，その方針にしたがって地方が単に事業を実施するという関係であったものが，地方がみずから政策を立案・実施するよう変化した。

　もちろん，以前から地域独自の政策を行うこと自体は禁止されていたわけではない。だが，地方分権により，地域のことは地域で，と自己決定・自己責任の原則があらためて確認されるようになり，結果として，地域のあり方についてみつめなおす機会になった。地方分権やそれにともなう役割分担の見直しをふくむ改革は，住民参画の機会を増やし，住民を自治の担い手とするなど，住民と自治体の関係を変えつつある。地域の独自性を生かした豊かな社会形成のため，地域の身近なところで住民が協働して公共課題を解決し，公共を担う取り組みが進められている。

NPM（New Public Management）の考え方が行政に普及したことも，行政以外のアクターの参加を推進した。NPMは，民間企業で活用されている経営理念や経営手法を可能なかぎり公的部門に適用する取り組みによって，市場原理を働かせて，業務の効率化や質の向上をはかるもので，行財政改革に導入されている。NPMは，最初から理論的に考えられたものではなく，1970年代後半から，イギリスなどで行われた財政赤字，債務の肥大化，行政の業績の悪化に対してなされた改革例を集約したものである。従来の行政管理とは異なり，成果主義，意思決定とサービス提供の分離，現場への経営資源の分権，民間活力の利用（PFIの活用），市民を顧客として顧客満足度を高める，組織・機構の簡略化，業績測定・評価，市場メカニズムの活用といった戦略的な考えなどの特徴がある。

　日本における導入は，自治体ごとに異なっており，悪化した財政状況を打破するために，事務事業の見直しや，それに必要となる政策評価，民間委託の推進などを中心に進められている。民間活力の利用や決定とサービスの分離など，ローカル・ガバナンスのあり方に大きな影響をあたえている。

　NPOの活躍も，行政以外に公的活動を行う受け皿があることを示し，ローカル・ガバナンスの議論の活性化をうながした。1995年の阪神淡路大震災により，ボランティア活動やNPO活動が活発になり，1998年には，特定非営利活動促進法（NPO法）が制定された。1970年代の市民運動のように，行政と住民が対立関係にある時代をへて，行政が用意した枠組みに住民組織を参加させる市民参加，そして，行政がかかえている問題やその現状について住民組織とともに考え解決していこうとする傾向へ変化しつつある。社会福祉や環境分野ではとくにNPOの活動は活発であり，最近では，公共サービスの担い手として注目を集めている。

　以上のように，既存の枠組みの再構築が求められていたこと，また，多様なアクターが統治行為に参加する環境が整っていったことなどによって，以前のように，行政が事業を行い，住民が享受するだけといった一方向の関係から，公共部門，民間部門，自治体，住民，NPOなどのアクターが相互補完的に協調しあいながら役割分担を行い，地域社会を担い，地域の問題解決にあたるよう，ローカル・ガバナンスの環境は，双方向の関係へと変化しつ

つある。

　情報なくして参加なし

　現代社会は統治する者にとって情報が重要となる社会であり，行政であれ，NPO であれ，統治行為を遂行するアクターにとって情報が重要であることには変わりはない。地域全体の公益をみすえての参加において，住民が地域について十分な判断ができる情報，つまり，地域がいまどのような状況にあるのか，把握できる情報にアクセスできることは重要である。というのも，かりに地域課題をみずから解決しようとした場合，さまざまな判断する材料がなければ考えることができず，統治行為に参加することが困難になるからである。行政とおなじ情報をえて，みずから適切な判断を下せるようになってはじめて対等かつ相互協調的な関係を築くことができ，統治の主体として参加することができるのである。

　あとで詳しく検討するが，これまで行政がそのほとんどを担っていた政策プロセスのなかに住民の参画をうながし，役割を担わせようとする動きがみられ，参加を促進する枠組みのため，一般住民から構成されるまちづくり委員会など，制度的に住民参加，協働をうながしていく仕組みづくりが行われており，また，市民参加条例や自治基本条例，市民活動推進条例を制定するなど条例面からサポートする団体が増加している。

　参加の際に必要となる政策に関係する情報については，従来のような完成した政策の周知をめざした上意下達式の情報提供では不十分であり，住民自治を実現するうえでも，政策形成プロセスの議論に参加できるような情報伝達が重要となる。

2　政策プロセスと情報

　情報処理機関としての行政

　行政は，地域の現状を把握するために，情報を集め分析し，これを政策判断や政策策定に反映させ，また，協働を推進するため住民と情報の共有を行おうとしている。そのため，行政の政策プロセスにおいて，さまざまな情報

が行き交っており，自治体は情報の宝庫といえる。政策プロセスモデルとして，Plan → Do → Check → Action サイクルのような，さまざまなものを想定することができる。ここでは，情報を外部からインプットし，処理を行い，外部へアウトプットし，その結果をフィードバックしていく情報と制御の理論であるウィーナーのサイバネティクス理論を参考にして，行政による情報の入力，処理，蓄積，出力という情報処理プロセスの側面から，ローカル・ガバナンスについて考えてみることにしよう（図1）。

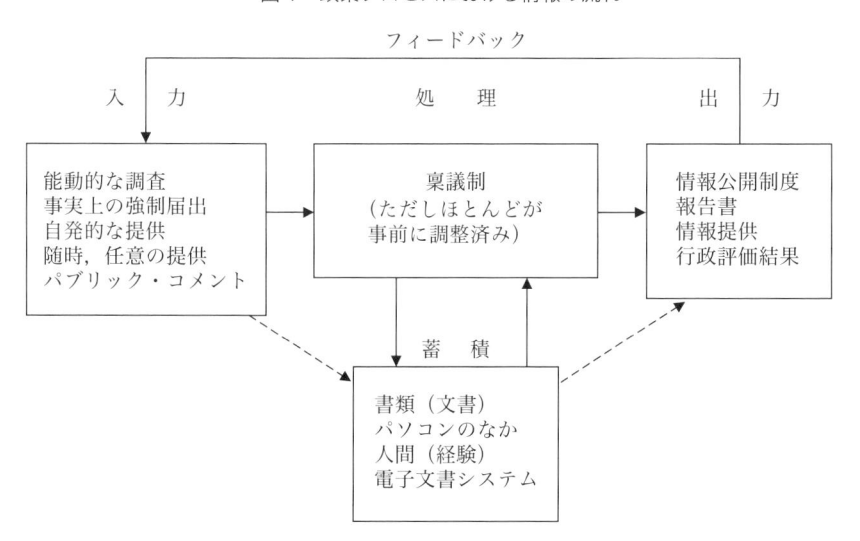

図1　政策プロセスにおける情報の流れ

```
                    フィードバック
    入　力              処　理              出　力

┌──────────┐     ┌──────────┐     ┌──────────┐
│能動的な調査│     │  稟議制  │     │情報公開制度│
│事実上の強制届出│ →│（ただしほとんどが│→│報告書    │
│自発的な提供│     │事前に調整済み）│ │情報提供  │
│随時，任意の提供│   │          │     │行政評価結果│
│パブリック・コメント│└──────────┘     └──────────┘
└──────────┘          ↓↑
                      蓄　積
                  ┌──────────┐
                  │書類（文書）│
                  │パソコンのなか│
                  │人間（経験）│
                  │電子文書システム│
                  └──────────┘
```

政策プロセスへの情報の入力

　政策プロセスの入力とは，行政が業務を遂行するために必要な情報を収集する行為であり，①能動的な調査，検査，聴取などによる情報収集，②市民に対する届出の義務づけもしくは事実上の強制，③行政サービスの受益者による自発的な情報提供，④市民の随時かつ任意の情報提供（今里，1995: 192-196）にわけることができる。収集する状況も，窓口，住民との対話集会，住民の意見箱，陳情・請願などのほか，行政内部で処理した行政評価の出力が，フィードバックされ，政策プロセスの入力となることもある。たとえば，

千葉県我孫子市の「提案型公共サービス民営化制度」の提案募集の対象となる事業を抽出する過程で，「行政評価の事務事業評価表から事業名，事業内容，事業費を要約し，事務事業リストとして一覧表に整理し公表した」（富田，2006: 32-33）とあるように，行政評価でえられた結果が，フィードバックされ，新たな「提案型公共サービス民営化制度」の入力として活用されている。

また，住民が参画することによる政策プロセスへの情報の入力として，パブリック・コメント制度が注目を集めている。パブリック・コメント制度とは，条例や政策，基本計画などを策定するとき，立案の段階で公表し，住民から意見を求めるもので，提案された意見に対し，行政の考え方とあわせて公表するとともに，その意見を政策などに反映させていく一連の手続きのことである。

2000年10月の第26次地方制度調査会の答申でパブリック・コメント制度の自治体への導入が提言され，横須賀市が2001年9月に「横須賀市市民パブリック・コメント条例」を制定するなど，全国的に導入が進められている。対象となる事案は自治体ごとに異なるが，手続きの流れはほぼ共通している。一般的には，1ヵ月程度，インターネットや情報公開窓口で，素案が公表され，これに対する意見は，電子メールや郵便，ファックスなどで提出される。そして，その集められた意見とそれに対する行政側の回答をふたたび公表する手続きである。

インターネットを利用することにより，比較的分量のある資料も簡単に提供できるようになり，また，メールでの意見提出もできるようになったため，従来と比べて，住民にとり政策プロセスへの意見表明などの入力コストを低く抑えることができ，気軽に参加することが可能となった。

政策プロセスでの情報の処理

内部での処理，つまり，行政で採用されている意思決定手続きとしては，稟議制がある。これは，まずある事案を担当している末端職員がその事案の処理方針を記載した文書を起案すると，この起案文書が上位の席次の者へと順次に回覧され，その審議修正を受け，これら中間者すべての承認がえられ

たときに，成案をその事案の先決権者に上申して，その決裁をあおぎ，先決権者の決裁がえられたときに，この事案の処理方針は確定したことになるという文書処理方式である。文書主義の傾向が強い官僚制で一般的に用いられている意思決定手続きであるが，実際には，文書の起案以前から，内部における検討，審議，大枠の事業の処理方針が定まっていることが多く，形式的な手続きといえる。

　電子自治体の推進にともない，電子決裁システムを導入する団体も増加しており，発議から決裁にいたるプロセスをコンピュータ上で完結するシステムも存在する。

　事案を発議する部分に住民が参加できるようにする取り組みがある。市民による政策提案制度と呼ばれ，埼玉県和光市，千葉県市川市，福岡県宗像市，東京都国分寺市などで導入されている。提案に必要な要件や提案の審議される手順はそれぞれ異なるが，提案を受けると，自治体はその案を検討することが義務づけられており，住民が処理プロセスに参加することができる制度といえる。

　また，類似した制度であるが，事業の外部委託についてどの事業をどんな方法で行えばよいか，提案から実施までの考えを民間から募る自治体が増加している。千葉県我孫子市では提案型公共サービス民営化制度，佐賀県では協働化テスト，愛知県高浜市では民間提案型事務改善制度，東京都杉並区では（仮称）杉並行政サービス民間事業化提案制度，とそれぞれ民間から事業の提案を受けつける制度を導入している。

　政策プロセスにおける承認行為の一部を住民にゆだねるものとして，住民投票制度がある。平成の市町村合併により，広く浸透した制度である。最近では，重要案件ごとに条例を制定し，実施するのではなく，特定の問題に限定されない常設型の住民投票制度を導入している自治体も増えている。法的拘束力を有するものばかりではないものの，行政の事案の処理方針に大きな影響をあたえる制度といえよう。

　この処理プロセス部分を，まるごと地域のアクターに委託する動きもある。東京都三鷹市では，市と住民組織である「みたか市民プラン21会議」がパートナーシップ協定を結び，住民がみずから基本構想・基本計画として『み

たか市民プラン 21』を提言するなど起案から処理方針の決定までの一連の作業を行った。もちろん，21 会議で提案された原案がそのまま基本構想・基本計画になるのではなく，行政内部であらためて発議され組織決定されているため，処理部分の完全な委託ではないが，提言を極力尊重するようパートナーシップ協定で定められている。このほか，審議の一部分を審議会，ワークショップなどに委託するなどの動きがあり，住民が政策の中核部分を担うよう変化しつつある。

このように，内部での処理プロセスに積極的に地域で活躍するアクターを取り込む活動が行われている。

政策プロセスでの情報の蓄積

蓄積は，政策プロセスの処理の過程で，一時的に情報を蓄えておくもので，紙の文書やパソコンに保存されたデータなどが該当する。必要に応じて参照され，処理を円滑に行う機能を担う。行政では，よい悪いはべつとして，前例主義が強く，類似した事案に対してどのような対応を取ったのか参考とする際，過去の文書を参考にすることが多いため，プロセスのなかでも重要な機能といえる。従来から，文書管理規定を設けるなどして，管理に取り組んでいるが，最近では，文書管理システムや庁内 LAN を利用するなどして，コンピュータ上に情報を蓄積する団体も増えてきている。

ローカル・ガバナンスの視点からは，行政が保有する情報を住民と共有できることが望ましいが，現実には，蓄積が体系づけられておらず，行政以外のアクターが直接蓄積された情報にアクセスできることはなく，自治体職員間でも情報の共有が進んでいない団体も多い。ファイリングには手間と労力がかかるため，体系的な文書管理はむずかしく，自分の業務に関連する簿冊を机の横におくなど文書の私物化や文書の公開・非公開を機械的に決めることができないことが背景にあると考えられる。

政策プロセスでの情報の出力

政策プロセスで決定した結果は，政策の実施というかたちで外部に表出するが，これ以外にも広報誌や Web ページによる住民への情報提供，報告書，

行政評価の結果，情報公開制度のかたちで現れる。従来は，情報は行政が有し，サービスとして住民に対して提供しているとする向きも強かったが，最近では，行政の保有している情報は公共のものであり，住民と行政は情報を共有する関係であるとする傾向が強まってきている。

情報の出力を法的に保障したのが情報公開制度であり，行政機関が保有している情報の開示請求権を住民に認めている。1982年に山形県金山町，1983年に神奈川県で導入され，1999年，行政機関の保有する情報の公開に関する法律が制定された。

情報公開制度による開示請求件数は，営利目的での利用が多いといわれている。しかし，情報公開制度が導入されたことにより，開示請求がされる可能性がいずれでてくると考えて，問い合わせのあった時点で文書を提供したり，行政がみずから積極的に情報を提供するなど，情報の開示に対する姿勢の変化がみられ，公益目的で利用できる情報が入手しやすくなった。請求件数にあらわれている以上に情報公開制度はガバナンスに資しているといってよいであろう。

あとで検討するが，通信技術の発達は情報の出力環境を大きく変えた。提供される情報の幅も広がり，日常的な行政情報が提供されていることはもちろん，政策の過程や鳥取県のように財政課長段階からの予算査定状況を公開する自治体もある。

以上のように，多くのアクターが政策プロセスに参加する機会が増加するにつれて，それぞれが必要とする情報も増加している。現在のところ，制度的な参加機会の増加に対して，情報が不足しているためか，ガバナンスの成功事例はかぎられており，それぞれのアクターが十分に活躍しきれていない状況にある。

3 電子自治体への取り組み

行政への電子計算機の導入

それでは，これまで述べてきたローカル・ガバナンスをめぐる環境変化に対して，電子自治体はどのような役割を担うのであろうか。まず，電子計算

機の導入・普及についてみていくことにしよう。

　日本における電子計算機導入の歴史は，行政改革の歴史でもある。戦後，1954年，1975年，1990年代後半と3度の大きな財政危機があり，そのたびに行財政改革が必要であるといわれた。業務改善などの手法が取られたが，そのひとつとして，コンピュータ導入による事務効率化が行われた。これは，コンピュータが行政に導入された1960年代から現在の電子政府，自治体にいたる流れのなかで全般にみられる傾向である。1960年代は，戦後の混乱やそれにともなう制度改革が落ち着き，行政運営に関心が向きはじめた時代であり，パンチカード・システムや電子計算機により業務効率化をはかる動きがみられた。当時は，行政事務の分野において，集計処理業務をこれまで使ってきたパンチカード・システムで行うか，高価で新しい電子計算機で行うかといった議論がなされていた時代であり，パンチカード・システムに代わる選択肢のひとつという位置づけであった。

　1960年に大阪市で，1961年に京都市で，電子計算機が導入され，都道府県では，1963年に東京都と神奈川県で導入された。国でも，社会保険庁で，社会保険業務を処理するため，1962年に大型計算機を導入し，厚生年金の支払い業務に活用した。

　当時のコンピュータ導入の背景として，「1969年の宮城県事務機械化の基本方針」によると，①単純大量反復事務の機械化による事務効率化，②手作業では作成不可能であった資料の提供，③統計的，数学的手法を用い，効率かつ科学的な行政展開をはかるための資料提供をかかげており，なかでも①の単純大量反復事務についての効率化への期待が大きかった。

　1970年代に入ると，高度経済成長や都市化の進展，社会福祉など行政需要の拡大，公害・環境問題など，行政が担うことが期待される業務は拡大していき，業務改善が求められるようになっていった。コンピュータのコストパフォーマンスが高まったこともあり，大型計算機を導入する自治体も増加した。主に，大量処理・計算処理業務で利用されており，1975年の財政危機による業務効率化を求める動きもこの傾向を強めた。

　1980年代には，コンピュータの小型化がみられ，以前は真空管を用いて計算を行っていたものが，ICやLSIと小型化し，機能も向上した。住民情

報システムは，名前や住所が漢字で処理できるようになり，変更がシステムにすぐ反映されるオンラインでリアルタイム処理を行うことができるようになった。このあたりから，コンピュータは，単なる集計，計算処理を行う機能だけでなく，情報を蓄積する機能が付加されるようになっていった。また，これまで，組織全体で活用するため汎用目的で導入されていたシステムを個別業務ごとに活用するOA化が実現された。各職場で，オフコンやパソコン，ワープロが普及した時代であった。

以上のように，1990年代以前の行政の情報化についてまとめると，電子計算機の得意分野である大量処理，定型業務，たとえば，税務や給与，統計などの分野における業務効率化を目的とした利用が主であり，ローカル・ガバナンスに資するようなICTの利用はみられなかった。

遅れていた日本の情報化

年々進歩していく情報技術の発達に対して，日本の行政情報化は遅れていた。1993年10月，第三次臨時行政改革推進審議会より最終答申が出され，行政情報化の立ち遅れが指摘された。1994年に「高度情報通信社会推進本部」の設置や「行政情報化推進基本計画」の策定が行われ，職員1人1台パソコンの配備や省庁内や省庁間をむすぶネットワーク網の整備など，おもに行政機関内部の情報環境の整備が進められた。1999年に経済対策閣僚会議は「経済新生対策」を打ちだし，電子政府の実現をかかげ，現在にいたる流れが形成された。

このための戦略として，2000年には「IT基本戦略」が打ちだされ，「5年以内に世界最先端のIT国家になること」が国家目標になった。また，2001年には「e-Japan戦略」，2003年には「e-Japan戦略II」が策定された。前者がおもにハード面での情報インフラ整備に重点をおいているのに対して，後者は行政サービスや医療など利用促進に重点がおかれていた。

法制度の面からも，「高度情報通信ネットワーク社会の形成に関する施策を迅速かつ重点的に推進すること」を目的として2000年にIT基本法ともいえる「高度情報通信ネットワーク社会形成基本法」を制定し，また，行政業務の電子化を進めるうえで障害となっていた法令によって定められた書類（紙）

を前提とする制度を変更するため，2002年にオンライン3法が制定された。

オンライン上で，手続きを行うためには，本人確認や改ざんの防止など，安全なネットワーク基盤が必要であり，外部から侵入されにくいセキュアなネットワークとして2002年に住民基本台帳ネットワークが稼働した。本人であると確認するため，住民基本台帳カードを利用した公的認証基盤の整備などが進められている。

オンライン手続きは，国単独の取り組みだけでは不十分であり，地方自治体の電子化も不可欠であったため，電子自治体を推進する体制が整備された。

電子自治体の特徴

これまでの自治体の情報化と比べ，電子自治体の特徴として，①ソフト面での規格化・共通化の促進，②全体をみすえたシステム化への取り組みをあげることができる。

①については，通信網や情報機器など，ハード面のインフラの規格化や共通化が進んでいるいっぽう，ソフト面での規格化や共通化が遅れており，異なる機関間でデータのやり取りを行う際に支障が生じている。データの規格が異なると蓄積した情報の交換を行うたびにデータの変換作業を行う必要があり，情報の共有，円滑な活用ができなくなる。そのため，それぞれの組織のあいだで，データの交換・共有を円滑に実現する目的で，XML（eXtensible Markup Language）タグ設計ルールを策定したり，国・地方連携事業XMLタグ・スキーマを策定するなど，交換するデータの標準化を行う取り組みが行われている。

②については，これまで，業務ごと，部門ごとに導入されてきたシステムを，縦割り行政の枠のなかだけでなく，自治体全体のマネジメントをみすえたうえで，組織全体で業務の最適化をめざす動きであり，総務省では，自治体エンタープライズ・アーキテクチャ（EA）事業として取り組みを行っている。地域資源として情報に注目して考えた場合，これまでばらばらで活用されていなかった情報を，組織全体で整理，活用できるよう取り組むため，統一的な情報資源として，地域活動に役立つ情報として利用することができる。これを行うには，これまで以上に相互調整的な組織が必要となるため，

現在の体制で実施するには限界があり，組織横断的に，庁内の情報を共通基盤として活用できるようにする情報共有システムなどと組み合わせた取り組みが行われている。

4　ローカル・ガバナンスのためにICTが果たす役割

通信技術とガバナンス

　ICTは，コンピュータ処理を行う情報技術とネットワークなどの通信技術をまとめてとらえる考え方であるが，ここでは，情報を伝達する通信の側面と，情報の価値をみいだす蓄積の側面にわけて，ローカル・ガバナンスに対する寄与をみていくことにしたい。

　情報伝達・通信を行う部分であるが，国の『分権型社会における自治体形成の刷新戦略』では，住民と行政の関係変革のため，ICTを活用することとし，「行政内部の刷新ツールとしてのICT」と「行政と住民等の関係刷新ツールとしてのICT」について述べている。前者については，「トップの意思決定の変革」として「住民や現場に近い情報がトップに伝達，トップからの指示を一斉に全階層で共有すること」と「ICT化の進展に応じた組織改編」として「業務の効率化，アウトソーシング等によるスリム化の進展」をかかげている。後者については，「住民志向の簡素で効率的な行政組織の実現」「業務革新と地域協働・外部委託の推進」「地域協働の推進（eコミュニティの実現）」をかかげている。通信による効率化だけではなく，協働の質にあたえる影響を強調していることがうかがえる。

　通信技術のなかでも，インターネットに関わる技術が果たす影響力がとくに大きいが，インターネットによって，何が変わったのだろうか。インターネットの登場により，行政が保有する情報の入手のしやすさが変化し，詳細なデータの入手も容易になった。これまでも重要な情報は広報誌などをつうじて入手することができたが，紙媒体で全戸配布をすると財政的負担が大きいため，詳しい資料の提供は行政の情報窓口など場所が限定されていた。また，自治体の規模にもよるが，行政はさまざまな報告書を刊行しているが，配布や印刷にコストがかかるため，入手できる人が限定されてしまい，一部

で資料が死蔵される状態があった。

　それが，インターネットを利用してこれらの資料を提供すると費用がほとんどかからないこともあり，紙では配布されなかったような情報もふくめて，掲載される情報量は増え，その結果，わざわざ役所の窓口まで出向くことなく，パソコンをつうじて多くの人が容易に情報を閲覧できるようになった。

　ネットで公開することによる効果は，その自治体の範囲だけにとどまらない。先行的な取り組みを行った自治体は，その過程を記録，公開していることが多い。もともとは，住民に対する説明責任として公開されたものであっても，他の自治体にとって有益な先行事例の情報源となり，ネットをつうじて，地方自治の向上に役立つ事例として影響をあたえることとなる。

　行政が一方向で情報を伝えるだけでなく，自治体のWebページや電子掲示板を，住民との双方向のコミュニケーション・ツールとして利用する動きがある。神奈川県藤沢市の市民電子会議室は，全国でも先行的な取り組みである。1996年「市地域情報化基本計画」を策定し，市民参加機会の充実などを掲げ，1997年，慶應義塾大学湘南藤沢キャンパスと財団法人藤沢市産業振興財団と藤沢市の3者が協力して，市民電子会議室を開設した。市が開設した会議室と住民が開設した会議室があり，会議室での議論内容を市に提案するなどの試みがされている。

　地域活動を行う団体を支援するため，ICTを活用している事例として，「eコミュニティしまだ」がある。静岡県島田市の地域活動のポータルサイト（単なるWebサイトではなく，他の情報・ページの入り口となるWebサイトのこと）であり，地域活動を行う目的で5人程度のグループをつくり「コミュニティ・セル」として応募すると，セル・ポータルを利用することができる。

　また，SNS（Social Networking Service）を地域づくりに活用しようとする取り組みもある。SNSに参加（閲覧）するのと，インターネット上のWebページを閲覧することは，操作上ほとんど変わりないが，事前に登録したかぎられた人しか閲覧できない特徴があり，閉じられたコミュニティの情報共有ツールとして注目を集めている。総務省では，2007年2月に「コミュニティ研究会」を発足させ，SNS等コミュニケーション・ツールの活用などを検討し，コミュニティ施策の検討を行っている。

このように，最近では，従来のような一方的に情報を受け取るだけでなく，双方向で情報をやり取りし，参加する Web2.0 の考え方が普及してきており，まさに双方向のコミュニケーションが必要なガバナンスにおいて，ICT が有効に活用されることが期待されている。

　通信技術によって，新たなガバナンスの可能性が広がっている。東京都品川区では，区内の小学生の安全をはかるため，近隣セキュリティシステムを導入した。小学生に「まもるっち」と呼ばれる防犯ベル兼 GPS を利用した位置情報発信装置をもたせ，トラブルに巻き込まれた子供が警報ピンを引くことで，①品川区のセンターシステムに通報（児童と発信地点を特定する），②保護者，付近の協力者に固定電話，もしくは，地図つきのメールを携帯に送信（プライバシーを考慮し，性別，学年のみで氏名は送信しない），③協力者・区の生活安全サポート隊が現場に行き，児童の状態を確認の順で緊急連絡が行われる仕組みである。

　事件発生と同時に場所が特定できること，瞬時に近隣で登録されている「協力者」をみつけだし，連絡できる体制があることなど，ICT の活用によって，この体制づくりが可能になった。この制度により，これまでであれば，地域の子供を漠然と見守る存在であった地域の住民は，「協力者」として積極的に参加することができ，子供を守る近隣セキュリティシステムの一翼を担うことができるようになった。

　図2のように，ICT は，アクターとして統治に参加する際の制約条件であった，時間と距離の制約を緩和し，統治への参加コストを下げ，ガバナンスの可能性を広げている。

図2　ICT のガバナンスの寄与度

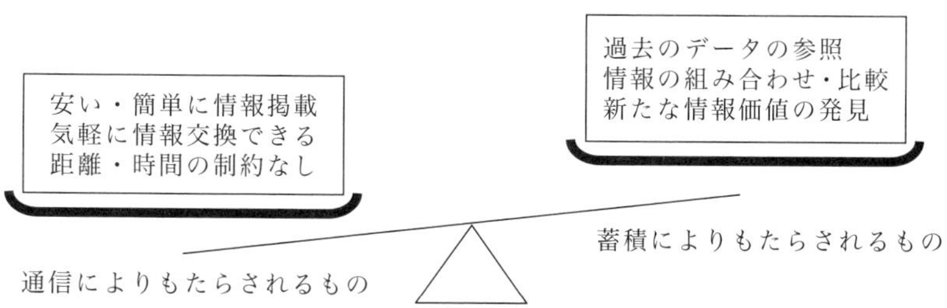

安い・簡単に情報掲載
気軽に情報交換できる
距離・時間の制約なし

過去のデータの参照
情報の組み合わせ・比較
新たな情報価値の発見

通信によりもたらされるもの

蓄積によりもたらされるもの

蓄積された情報とガバナンス

つづいて，ICT のうち，新たな情報の価値をみいだす蓄積の側面に注目し，ローカル・ガバナンスに対する寄与について考えていきたい。

現在は，数百ギガのハードディスクが簡単に購入できる時代であり，画像や動画でも記録しないかぎり，使いきれないほどの文書を保存することが可能になった。コンピュータの容量の制約から，以前掲載した情報を削除する必要性がなくなったため，行政機関がインターネット上で掲載する情報量は増加しつつある。

ネットで情報が提供されはじめた当時は，その時点で公開された情報だけが掲載されていたため，単年度のデータしか利用できず，限定されたものであった。その後，新しい情報が掲載されるにつれ，過去の分もふくめて提供されるようになり，時系列の比較ができる情報が増えた。

今後ローカル・ガバナンスの観点から重要な価値をもちそうなインターネット上の情報として，行政評価の結果がある。行政評価は，それぞれの事業を行政内部で評価し，事業の妥当性や成果について検証し，つぎの計画に反映させるため実施しているものである。評価結果も，過去のデータを時系列で比較したほうが，成果や評価結果を受けて事業がどのように変化していったのか，自治体の状況を的確に評価することができる。ネットで過去分もふくめ公開されていると，外部から事後的に検証可能な状況になるため，外部に対しての説明を意識した行政運営が行われるようになる効果も期待できる。

このように蓄積された情報を組み合わせることによって，新たな価値を発見できるのは，インターネット上の情報だけでなく，行政内部の情報でも同様である。コンピュータは情報を検索し分析する能力に優れており，このデータベース機能を利用することで蓄積された情報を組み合わせることができ，データ活用の幅が広がり，高度な意思決定へとつながり，ローカル・ガバナンスを促進する新たな価値を創造できるようになる。

ICT の進展により，住民が役所にあった情報を自宅にいて簡単に入手できるようになったばかりではなく，より広く地域の現状を把握する手段をもたらした。

蓄積を維持する体制の整備

　蓄積された情報を組み合わせ，新たな価値を引き出すためには，情報の秩序ある管理が必要である。情報（書類）は，数が少ないうちは人手によって簡単に整理することができるが，量が増加するにつれ，収拾がつかなくなる。整理基準を詳細に定めず，整理手順が厳密に守られていないと，時間の経過とともにカオス状態へ陥りやすくなる。

　たとえば，インターネット上の情報を例に説明すると，ネット上に掲載するデータも，Webサイトを開設してから時間がたつとそれだけ整理しなければならない情報が増えていくが，ハードディスクの記録量あたりの単価が安くなっていることもあり，古い情報を削除することなく，新規の情報を掲載することができるため，大量の情報を日々更新している組織では，静的なHTMLのWebページの情報共有に無理が生じはじめる。更新や新たに情報が追加されると，担当者以外，どこに保存したのかわからなくなるため，属人的な管理になりがちである。そのうち，リンクが切れていないか，あの文書はどこに保存しているかといった問題が表面化し，管理が破綻する。

　こういった問題を解決するため，Webサイトを構築する際に，コンテンツ・マネジメント・システム CMS（Contents Management System）と呼ばれるシステムを用いる団体が増えている。Webページのアドレスで，dd.aspx?menuid=1731など内容と関係ない英数字になっているのが特徴で，テキストや画像を一元的に管理・編集することができるシステムである。Webページを作成する際，HTMLの知識やデータをどこに保管するか考慮する必要はない。デザインやレイアウトなどの要素を分離し，データの管理をデータベースで自動化し，サイト構築を自動化できるため，掲載するコンテンツを用意するだけでよく，簡便に情報発信を行うことができる。

　行政内部の文書管理も同様で，人手による管理では，量が多くなると必然的にミスが起こりやすくなり，また，統合し比較する際に形式を整える作業が煩雑になり，保有する情報を活用することなく，せっかくの情報がただ集めただけの状態になる可能性が高くなる欠点がある。

　新たに情報が必要なときも，組織内にある情報が秩序ある管理がなされていれば，すぐ入手でき，あらためて情報をみつけて整理する必要はなくなる。

しかし，人手によって管理されている自治体の実態は，必要な情報がどこにあるのか，組織全体の情報を把握している人は存在しておらず，自分の管理している情報はわかるが，他の部署の情報がわからず，結局，個別に照会して一から情報を探すか，あきらめている状況である．

　これらの問題に対処するためには，部署ごとによる縦割りの情報管理のままでは不十分であり，自治体全体で情報を共有する基盤整備が必要である．組織全体として文書を効率よく管理し，情報を共有できる体制を整備するためには，ヒューマンエラーや担当者によって左右されない仕組みが重要であり，自動的に処理される文書管理システムでの情報共有，庁内データベースの政策形成への活用，CMSのようなWeb掲載システムへデータを転送，公開し，住民と協働を推進するための情報共有を行うシステムなどが有効である．

　現在進められている電子自治体の推進によって，システムの規格化やデータの規格化の促進，組織全体での統一的な情報化が進展し，事後的に比較することが容易になり，高度なデータ分析を行い，ローカル・ガバナンスに資する新たな情報価値を発見することが可能になると思われる．

　統治行為を相互協調的に遂行していく環境づくりを行うには，参画のための制度を整備するだけでは不十分である．責任をもって主体的に判断するためには，みずから考え，議論し，決定していく地道な行為を繰り返すしかなく，その際，適切な情報が不可欠である．とくに，高度な相互調整が必要な社会においては，情報はきわめて重要な役割を占める．

　本章では，電子自治体の進展が，ローカル・ガバナンスにもたらす可能性についてみてきた．統治に情報が重要な社会において，電子自治体の情報を伝達する通信の側面は，情報の伝達スピードを上げただけでなく，広い範囲にわたって活用されるようになった．電子自治体の情報の価値をみいだす蓄積の側面は，データの規格化とデータの保存や公開を行うシステムの体制整備の途上にあるため，あまり寄与しているとはいえないが，今後のシステム間の連携整備によって，ローカル・ガバナンスのあり方を左右する基盤としての可能性を秘めているといえるであろう．

第8章　少子高齢社会の福祉政策
地方分権とローカル・ガバナンス

堀　田　　学

1　はじめに

　わが国の人口は，2004年をピークに減少に転じた。2006年現在の高齢化率は20.8パーセント，合計特殊出生率は1.32であり，少子高齢化がよりいっそう進行している。

　冷戦構造の崩壊によるグローバル化の進展とバブル経済崩壊後の経済停滞のなかで，わが国はきびしい競争にさらされ，人件費は大幅にコストダウンされ，雇用慣行も大きく変容した。2007年1～3月の総務省労働力調査によれば，非正規雇用者の割合は，33.7パーセントにも増加している。「いざなぎ景気」を超えた戦後最長の景気拡大期にあって，正規雇用の割合はやや改善しているとはいうものの，フルタイムの従業員並みに働いているにもかかわらず，生活保護基準以下の生活を強いられているワーキング・プア世帯が増えつつある。

　バブル経済の崩壊までは，終身雇用や年功序列によって，完全雇用に近い状態が保ちつづけられてきた。そのため，ある程度の福祉水準を確保することができた。だが，このような環境は大きく変容し，社会の2極化，いわゆる「格差社会」が進行している。とはいえ，社会統合をはかるための施策すべてを公共セクターが担うというのでは，非効率で高コストな社会になってしまう。そこで，自助・共助・公助の相互補完性による，公共セクターと多様なアクターとの連携によって，福祉サービスを提供していくガバナンスの考え方が広まっているのである。

　本章では，福祉多元主義の理論的な系譜をふまえたうえで，わが国における少子高齢社会の福祉政策について，分権化，そしてNPOやボランティア

との協働という観点から考えていくことにしたい。

2　福祉多元主義とローカル・ガバナンス

福祉国家の危機と福祉多元主義の出現

　西欧を中心に発展してきた福祉国家は，戦後になって，さまざまな問題をかかえるようになった。ベヴァリッジ報告の強い影響を受けたイギリスでは，1950年代には，早くもその見直しが行われた。福祉国家の代名詞的な存在であるスウェーデンもまた，財政赤字や国民の勤労意欲の低下などの問題に直面することになった。

　イギリスでは，1978年にウルフェンデン報告が発表され，福祉サービスの供給主体として，公共セクターだけではなく，市場・企業セクター，非営利セクター，家族や近隣のインフォーマル・セクターが注目されはじめた (Wolfenden Committee, 1978)。これをうけて，ハッチらは，「福祉多元主義は，国家の中心的な役割を縮小することを意味しており，福祉サービスを社会的に供給するうえで唯一の実行可能な手段とはみなせない」とし，福祉・保健サービスが行政，営利，ボランタリー（非営利民間），インフォーマルという4つの異なったセクターによって提供されることを示すために，「福祉多元主義」ということばが使われていることを強調している (Hatch and Mocroft, 1983: 2)。このハッチらの定義づけにつづいて，ローズ・白鳥の混合福祉（福祉ミックス），ジョンソンの福祉多元主義，エヴァースのシナジェティック・ミックスなどの理論的な展開が行われた。

　ローズ・白鳥は，「混合福祉／福祉ミックス (welfare mix)」のモデルを提起し，H (household: 家族によって生産される福祉)，M (market: 市場において売買される福祉)，S (state: 国家によって生産される福祉) の総和が「社会における福祉の総量 (TMS: total welfare in society)」であるとしている (Rose and Shiratori, 1986: 18/ 邦訳: 25)。すなわち，福祉を提供する国家の役割は重要であるが，国家だけがその提供を独占するものではなく，福祉は社会全体の産物であり，市場や世帯家族もまた，福祉を提供することができると考えるのである。

白鳥は，貧困層が多数を占める「ピラミッド型」社会から中間層が多い「ダイヤモンド型」社会へと変容してきたとし，理論的には，「ダイヤモンド型」社会のほうが貧しい少数派の人びとを援助するための経費の分担が可能であり，かつ容易であるとする。将来に不安をもち，既得権益に固執する利己的な多数派の中間階級がすでにかなり高い生活水準を享受していることから，少なくとも間接税を増額することによって，福祉国家の経費を分担するように説得できる可能性もあるというのである（Rose and Shiratori, 1986: 204/邦訳：254）。わが国も，ピラミッド型社会から中間層が多数を占めるダイヤモンド型社会へと変容したわけであるが，白鳥のいう説得の可能性は少なく，近年ではこの中間層が上方と下方へ2極化されつつある。

　つぎに，混合福祉や福祉多元主義を，「福祉生産」の全体システムとしての政府，市場，コミュニティ，サード・セクター組織の相互作用にあるものと考えるのは，エヴァースのシナジェティック・ミックス論である（エヴァース，1999: 205）。図1のように，非営利セクターを，自助集団，協同組合，ボランタリー組織，小規模な雇用創出する組織の4つにわけ，国家，市場，家族の3セクターからなる福祉トライアングルのなかに位置づけている（Evers, 1990: 14）。

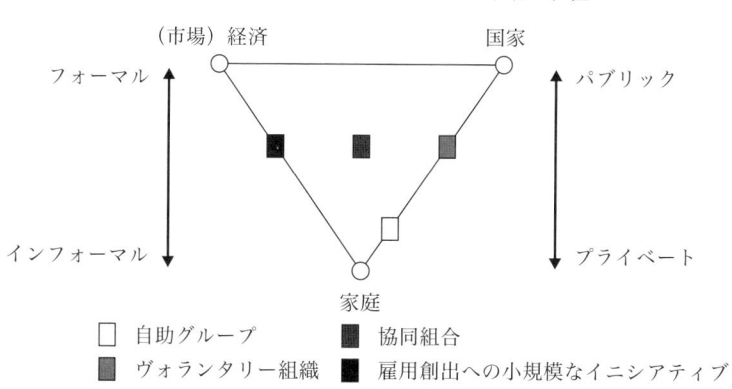

図1　福祉トライアングルにおける組織の位置

□ 自助グループ　　■ 協同組合
■ ヴォランタリー組織　■ 雇用創出への小規模なイニシアティブ

　エヴァースは，「国家中心的な福祉の概念が侵食され，そのヘゲモニーを

失ってしまい，社会運動などの多くのミクロな変化によって，コミュニティやパーソナリティ，ボランタリー自助組織などコミュニティを基盤としたモデルという，市場と国家を超えた領域や価値の重要性をよりいっそう高めることになった」とする（Evers, 1993: 3）。そのうえで，「シビル・ソサエティ（civil society），あるいは公共領域（public space）といった考えが，現代の市場民主主義の抑圧をうけないアソシエーションであるとか，社会的・政治的な利益代表，連帯，自助によって形成された社会領域を発展させてきた」のであり，「非営利のサービス組織は，組織化されたシビル・ソサエティのひとつの次元と理解されるべきである」という（Evers, 1993: 13-14）。

したがって，ジョンソンがいうように，福祉多元主義というのは，サービス供給への参加をふくむ考え方なのであり，「大多数の福祉多元主義者は，意思決定における消費者と行政機関の職員の参加をふくむところまで，参加の領域を広げている」のである（Johnson, 1987: 60/ 邦訳: 64）。そのことによって，参加の拡大が権力分散を増幅させるという政治的多元主義との関係もあきらかになるわけである。こうした「福祉多元主義における分権化と参加およびインフォーマルな地域ネットワークの重視は，コミュニティ・ケアの政策とまったく一致している」が，公共セクター以外の福祉ネットワークの発展が必然化したのは，1970年代以降の財政危機や経済危機によってもたらされたものである（Johnson, 1987: 62-63/ 邦訳: 66-67）。こうした財政危機が原因となって，政府の側で福祉国家から撤退する動きがみられたことにより，ぎゃくに政府による福祉サービスへの大衆の支持が低下していったのである。その意味において，1980年代に直面した福祉国家の危機というのは，経済問題，政府の問題，財政問題に起因する正当性の問題であった（Johnson, 1999: 2/ 邦訳: 2）。

さらに，ナップらは，福祉多元主義と同義の意味合いで，「福祉の混合経済」というタームを用いている。すなわち，集権的に計画化された福祉国家によってすべてが供給され，まかなわれる国家という考え方とともに，さまざまな利潤追求型の事業者からサービスを購入する利用者や親族などを相手にした「無規制の」市場をもふくむものが，福祉の混合経済である（Knapp, 1994: 124）。この定義づけからは，ボランタリー・セクターとインフォーマ

ル・セクターが省かれているが，それは，供給方法に関する決定が必然的に特定の財源形態を意味する供給と財源調達という点で，国家と市場がきわめて密接に関連しあっているという理由による（Johnson, 1999: 23/ 邦訳 : 23）。

福祉ミックス論と福祉社会論

　わが国における福祉国家研究においても，福祉多元主義に軸足をおく研究が多い。ローズと白鳥の包括的な福祉ミックス論にくわえて，丸尾直美は，1980年代の日本の福祉制度が福祉ミックスであったと論じている。丸尾は，日本型福祉の特徴について，①政治経済における政府の役割が多くの西欧諸国と異なること，②福祉生産における社会役割分担，すなわち民間セクターや家族などのインフォーマル・セクターの役割分担が大きい点をあげている。というのは，家族も福祉生産を行い，他人の福祉に対する共同体的な，あるいはパターナリスティック（温情主義的）な配慮が，日本の社会の家庭，地域社会，職場に残っていたといえるからである。だが，高齢化の進展による社会保障支出や公的支出の増大，核家族化と家族機能の低下，少子化による経済の停滞によって，日本の福祉国家の有利な条件は失われていった（Maruo, 1986: 75-77/ 邦訳 : 99-103）。

　従来の福祉国家論は，「公」と「民」とのミックス論であったが，それに対して，福祉ミックス論の特徴は，公的セクターの肥大化によって生じる問題を緩和するために，企業の民間活力とともに，非営利組織，家族，ボランティア，本人の能力と自助努力をも活用した，公的セクター，民間セクター，インフォーマル・セクターの最適な組み合わせを実現することが，福祉や環境の質を効率的に維持・改善することにつながるとする点である（丸尾，1996: 235-237）。

　わが国の福祉国家の特徴は，終身雇用，家族形態，均質な人口構成などであり，そうした環境が，国家など公共セクターを前面にださなくとも一定水準の福祉サービスを提供することを可能にしていた。丸尾は，1980年代までの日本型福祉国家が福祉ミックスであり，欧州の福祉国家よりも優れた社会モデルとして評価されると指摘していたが，同時に，そうした特徴が失われる可能性もあるという懸念を表明していた（丸尾，1984: 131-132）。

福祉ミックスの代表例として丸尾が指摘した当時の日本の福祉国家と比べて，現在では，社会環境や経済環境という前提が大きく変容してしまった。とはいえ，わが国の福祉システムを考えていくうえで，福祉ミックスの考えは重要な示唆を与えるものであり，現在盛んに議論されているガバナンスの議論にもつながるものであるということができよう。

　武川は，福祉供給主体として，国家，市場，家族に，「民間非営利団体(voluntary organizations)」や市民社会をくわえたうえで，こうした福祉多元主義を表すことばとして，「福祉社会」というタームを用いている。ただし，福祉社会というタームは，福祉国家の対極に位置することはたしかであるが，この福祉社会がどのようなものを意味するのかは必ずしも一義的ではなく，曖昧であるとしている。武川は，1980年代の福祉社会論と対比しながら，①福祉国家を必ずしも全面的に否定すべきものとはとらえておらず，選別主義的な主張にくみしていたわけではなかったということ，②福祉社会論における「社会」が，家族や企業といった伝統的な社会結合ではなく，新しいタイプの「社会」を示唆していたということを強調している。

　さらに，この新しい福祉社会論がでてきた背景として，①ボランタリー・ワークの成長，②「有償」ボランタリーの試行，③新しいタイプの民間非営利団体の成長，④市場の近代化にあると考えている（武川，2000: 38）。また，「伝統的福祉国家論は，政府を最重要視する福祉社会論といえなくもない」とも指摘している（武川，1999: 17）。

　福祉社会論という新たな問題設定について，武川は，①「国家と市民社会」，②「福祉国家から福祉社会へ」，③「市民権の構造転換」という3つの図式の再定式化をあげている（武川，2000: 40-43）。さらに，福祉社会を，①福祉コンシャスな福祉社会（ロブソンの福祉社会），②産業優先社会に対する福祉優先社会，③家族や企業に重点をおく「社会による福祉」（日本型福祉社会），④ボランタリズムや市場に重点をおく「社会による福祉」（新しい福祉社会）の4つに分類する（武川，2000: 39）。

　それに対して，クーンレは，社会の発展と福祉国家の関係について，①社会が民主化されるにつれて，十分に明瞭な政治的な要求が出現すること，②社会が十分な国民所得を生みだすにつれて，伝統的な家族や慈悲の供給に公

的な福祉がとってかわること，③未発達な福祉国家においては，所得が低いレベルで推移し，所得が増えるにつれて，福祉供給に対する要求も増大すること，④所得が一定レベルを超え，相対的に分配される場合に，消費者のより多様化されたニーズについて，公的な福祉供給に対して，市場，その他による福祉供給を発展させていくとしている。図2からわかるように，横軸が福祉国家の発展，縦軸が公的な福祉供給の要求とすると，この関係は「逆U曲線」を描くようになっていくというのである。そして，豊かな社会と結びついた福祉国家は，公的な福祉供給への補完物，すなわち代替案を発展させるために，市場と「サード・セクター (third sector)」，「シビル・ソサエティ (civil society)」の福祉供給をもたらすとするのである（Kuhnle, 2000: 11-12）。

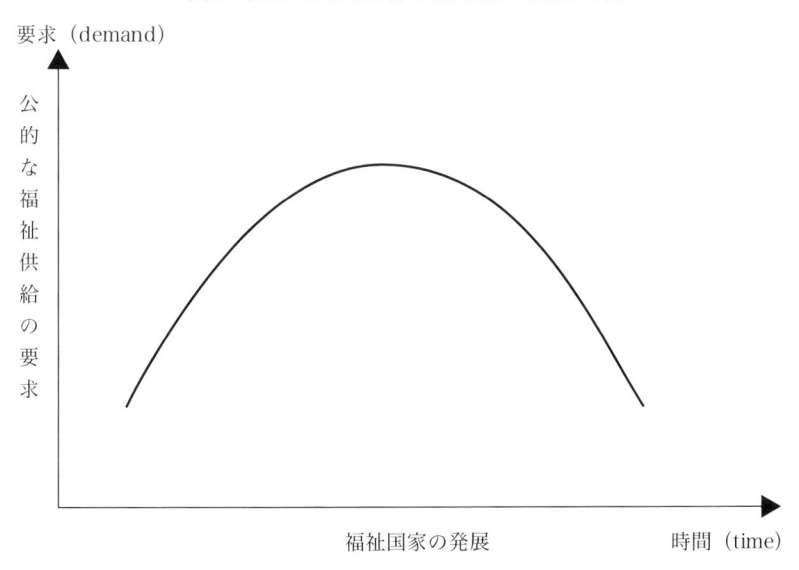

図2　社会における所得と福祉国家の規模の関係

福祉ミックス論からソーシャル・ガバナンスへ

　最近では，福祉多元主義や福祉ミックス論から，ソーシャル・ガバナンスやソーシャル・キャピタルといった議論への展開がみられる。福祉の供給主体をめぐる従来の議論が，公共セクター，プライベート・セクター，ボラン

タリー・セクター，そして家族，近隣住民，コミュニティなどが政策執行段階で関わってくるとしていたのに対して，ソーシャル・ガバナンスやソーシャル・キャピタルの議論は，これらのアクターが政策立案段階にも参画していく，あるいは参画すべきであるという点を強調するところに特徴があるといえる。

　ガバナンスというタームについて，山本は，ローズとピーターズのガバナンス論について対比しながら整理を行っている（山本，2004）。

　ピーレとピーターズは，NPM（New Public Management）が，多くの西側先進国の官僚制の伝統に背くものであるとし，公的な組織の特有の文化を否定すると批判する。そして，集団利益の縮図として国家，ガバナンスを促進し，調整する国家の役割という積極的な考えを示している（Pierre and Peters, 2000: 64-65）。それに対して，ローズは，ガバナンスというタームには最小国家（the minimal state），コーポレート・ガバナンス，NPM，「グッド・ガバナンス」，社会サイバネティックシステム，自己組織ネットワーク（self-organizing network）といった用法がふくまれるが，ガバナンスという概念が統治（governing）の新しいプロセスに関連するものであり，政府の意味を変えるものであると考えるのである（Rhodes, 1997: 15, 47）。

　山本は，ピーターズのガバナンス論を「ガバメントによるガバナンス」，ローズのガバナンス論を「ガバメントからガバナンスへ」と対置している（山本，2004: 114-117）。この対置を前提にしたうえで，ローカル・ガバナンスが，行政セクターのガバナンス，企業セクターのガバナンス，非営利セクターおよび市民によるガバナンスからなるものであり，この場合の非営利セクターと市民によるガバナンスをコミュニティ・ガバナンスであるとする。そして，この3つのガバナンスが重なった部分を「コー・ガバナンス」とする。コミュニティ・ガバナンスは，コミュニティや近隣（neighborhood）においてNPOなどの非営利セクター，町内会，自治会のような住民組織が脱構築をはかりながら自己組織性を発揮し，エンパワーメントをおこなっていく動態であると論じている（山本，2004: 119-120）。

　山本がいうように，ローカル・ガバナンスは，行政セクターのガバナンス，企業セクターのガバナンス，非営利セクターおよび市民によるガバナンスか

らなっている。こうしたとらえ方は，福祉ミックス論で議論されている国家，市場，家族，非営利セクターというアクターと重なる部分が多い。ただし，これまでの福祉ミックス論では，それぞれのアクターが福祉供給主体とされるものの，福祉システムの立案などはもっぱら国家などの行政であったと考えられていたが，ローカル・ガバナンスの場合には，「参加」や「参画」が重要な要素となっていることが，大きく異なっている点である。財政負担が増大し，国民生活に大きな影響をおよぼす福祉政策を考えていくうえで，行政内部での政策決定ではなく，住民やNPOなどもひとつのアクターとしてその立案過程に関わっていくということが，結果的に住民の理解と協力を獲得することにつながり，アカウンタビリティを確保することも可能になっていくと考えることができる。

　福祉ミックス論においても，ガバナンス論で強調されるような「参加」や「参画」を組み入れていかなければならないのではないだろうか。そして，住民やNPOが単なる行政の下請けとなるのではなく，政策立案段階からその立案過程に参画するという「協働」がキータームとなるということができよう。

3　地方分権と福祉政策——団体事務化からの地方分権へ

都市化と福祉政策

　第2次世界大戦以前の日本においては，健康保険法（1922年），母子保護法（1937年），厚生年金保険法（1944年），また，内務省地方局救護課から社会課への改称（1919年），内務省社会局（1920年），厚生省設置（1938年）など，社会保障や社会福祉に関する法令が制定され，のちに社会福祉を所管する機関の設置が行われていた。

　しかし，本格的な福祉関連法の制定は，第2次世界大戦後までもちこされた。戦争直後の福祉の目的は，食糧の確保や住居の確保など国民生活のもっとも基礎的な部分に限定された。また，日本国憲法に地方自治が明記されたものの，当時の基礎自治体としての市町村はきわめて小規模であり，福祉サービスを提供できる能力は低かった。そこで，中央政府の職務を都道府県や

市町村をつうじて行っていく機関委任事務が、大きな比重を占めることになった。1950年代からはじまる高度経済成長によって、わが国は都市部への人口流入が激増し、それにともなった、住宅、公害、ごみ問題などの都市問題が生じた。ぎゃくに、地方では、人口流出による過疎化が問題となっていった。1960年代、1970年代をつうじて、都市と地方における政策課題は変化し、福祉の問題は、全国画一的に処理すべきものではなく、各地域の実情にあわせた政策として考えられていく必要性も生じてきた。

地方分権と福祉国家

1970年代、西欧の福祉国家は危機に直面し、その解決策のひとつとして地方分権改革が行われた。ヒェルベルクは、福祉国家の発展にとって地方政府の再編が不可欠であり、地方政府の再編は、組織構造の再形成のあるなしにかかわらず、領域的な行政単位の区画の引き直しに関わる問題であり、さまざまなレベルの職務の再配分をもたらし、したがって、財政的な関係を変える試みをともなうものであるとしている（Kjellberg, 1985: 216, 236）。さらに、第2次世界大戦以前の先進諸国では、公共セクターの劇的な拡大なしに、地方政府の再編が起こることはほとんどなかったという点についても強調している（Kjellberg, 1985: 217）。福祉国家の本格的な発展が第2次世界大戦以降であることを考えあわせると、それ以前には地方政府の再編が起こってこなかったということは、福祉国家の発展と地方分権・地方改革が密接に関連していることにもなるといえるであろう。

また、ヒェルベルクは、「福祉国家が、社会における利益の再配分の多かれ少なかれ、明示的な目標を有する公的な装置（public apparatus）であり、社会の経済的な組織を根本的に侵害することなしに、平等の高い水準をつくりあげる公的な装置である」と考えている（Kjellberg, 1977: 1/ 邦訳 : 795）。

新藤と武智は、1970年代後半の経済・財政危機を契機として、先進諸国が多元的な福祉供給体制の構築を模索しており、自治体の規模、中央政府移転支出、直接税中心の税体系などが再検討され、市場原理・自立自助原則の導入とサブナショナル・レベルへの権限移管が議論されている点では、各国共通の現象であるといえるとしている（新藤・武智、1992: 3）。画一的なさ

ービスの提供，非効率な公共セクターによるサービス供給など「黄金時代」といわれた 1950 年代，1960 年代の福祉国家を再構築する試みが，各国で行われてきたということができよう。

　中央から地方への権限と財源の移管，さらには自治体内での事業実施における公設民営や民間委託，第 3 セクターの設置などの民営化や住民への自立自助原則の浸透は，中央政府の強力なリーダーシップと，それに対する自治体側の呼応によって可能になったという（新藤・武智，1992: 6-7）。

　福祉国家は，国民国家の形成・発展の最終段階といわれる（Rokkan, 1975; Flora, 1984）。国民国家は，富裕層から貧困層への所得再分配，豊かな地域から貧しい地域への支出移転などによって，国民間，ならびに国家内で大きな格差を緩和させ，社会の統合をはかるという重要な役割を担ってきた。そして，福祉国家は，中央政府によるナショナル・ミニマムを確保することで，こうした役割を果たすことができると考えられてきた。しかし，1970 年代以降，福祉国家は，経済的・財政的に大きな困難に直面し，その再構築を模索していく過程で，分権化，民営化，民間委託などが行われるようになっていったのである。

「団体事務化」から「社会福祉基礎構造改革」へ

　欧州における福祉国家と同様に，わが国でも，分権化や民営化，民間委託などの施策が行われるようになった。福祉の分野においては，1980 年代からの福祉事務の「団体事務化」からはじまるといってもいいであろう。

　くりかえしになるが，わが国の福祉国家においては，すべてを公共セクターが担っていたわけではなく，終身雇用，年功序列，少ない高齢者と多数の若年層からなるピラミッド型の人口構成，国家が果たさなくとも企業や家族がその役割を果たす日本型福祉によるものであった。この日本型福祉国家が行き詰った要因は，バブル経済崩壊後の日本社会の変容であった。したがって，欧州の福祉国家が行き詰った問題と，日本の福祉国家が行き詰った問題とは本質的に異なる。しかしながら，福祉国家の類型論をみわたしてみても，まったく問題のない福祉国家は存在しておらず，それぞれの福祉国家が問題をかかえ，その改革が求められている。その意味においては，欧州でも，日

本でも進むべき福祉国家の方向性は収斂しつつあるといえよう。

　大沢は，社会保険と公的扶助からなる社会保障とともに税制，教育，保健などの社会サービス，雇用政策や労働市場の規制をあわせて「社会的セーフティネット」と呼び，これらと家族や企業の制度・慣行との好適な接合が，日々の生活と将来の安心を保障すると考えて，全体を「生活保障システム」と呼んでいる（大沢，2005: 175-176）。さらに，1990年代はじめまではこの生活保障システムが相応に機能してきたが，日本の生活保障システムを支えてきた従来型の企業や家族は，リスク要因に転化し，企業と家族に依拠していた生活保障システムは破綻し，「逆機能」の状況に陥ってしまったと指摘している（大沢，2005: 176）。そのうえで，これまでの日本の生活保障システムが機能してきた要因を4つあげている。すなわち，①会社が右肩上がりに伸びる，②妻の"内助の功"に支えられた男性正社員が「終身雇用」され，年功的に処遇される，③男性は退職金と年金によって老後の所得を保障され，その「世話」は妻や息子の嫁が行う，④妻は，夫の死後も遺産や遺族年金で生活を保障される（大沢，2005: 185）。これらのことからうかがえるように，日本の社会保障制度は，男性が世帯の稼ぎ主であり，妻や嫁は家庭で主婦を行いながら，家族への福祉サービスも行うというモデルとして存在してきたということができる。

　しかしながら，婚姻率の低下，晩婚化，女性の社会進出など，これまで日本の社会保障をインフォーマルな部分で支えてきた家族形態，社会構造が大きく変化した。現在，わが国が直面している課題は，こうした社会構造の変化に社会保障制度が対応できていないということである。したがって，この新しい状況を視野に入れた制度設計が求められているのである。

　また，これまでわが国の政策は，機関委任事務制度をつうじて行われてきた。日本の福祉制度の特徴は，「措置」制度であった。2000年の介護保険の導入など社会福祉基礎構造改革によって，「措置」制度から「契約」へと大きく変化した。この変化のはじまりは，1989年の「ゴールドプラン」策定であった。北場勉は，措置から契約への背景として，①福祉サービスの対象者の一般化と多様化，②利用者の権利・選択権（自己決定権）の尊重，③施設福祉中心から在宅福祉中心への変化に伴う社会福祉サービス供給主体の多

元化などの要因をあげている（北場，2005: 16-17）。

　このようにわが国の福祉政策は，1990年代初頭から改革が行われていた。高度経済成長から安定成長へ移行し，社会が成熟社会となっていくのにともない，福祉サービスも画一的なものから多様なものへと変化してきた。改革の目的としては，そうした新しい状況への適応という側面もあった。介護保険は，「介護地獄」と呼ばれる，家庭内での介護という重荷を軽減するため，すなわち「介護の社会化」をめざして導入された。日本の社会保障ならびに福祉政策は，依然として旧来の社会構造に基礎をおくものと新しい状況に基礎をおく制度が混在している状況にあるといえよう。

　分権化に関しては，2000年の地方分権一括法により，機関委任事務が廃止され，法定受託事務と自治事務へと移行した。この改正は国と地方の関係を大きく変えるものとなったが，福祉の分野においては，1986年の団体事務化が大きな要因になったということができる。この団体事務化は，機関委任事務廃止に先鞭をつけたものと解釈することができよう。

4　自治体における協働・連携施策の展開

逼迫する地方財政と増えつづける住民ニーズ

　少子高齢化の進行によって，地方の自治体の財政難や都市部への人口流出などがクローズアップされている。とくに，北海道夕張市の財政再建団体への転落が，他の自治体に衝撃をあたえている。しかしながら，都市部の高齢者福祉も問題がないわけではない。現在起こっている地方の問題が，近い将来，都市部でさらに深刻な問題となっていく可能性が大いにある。というのは，団塊の世代が前期高齢者から後期高齢者になったとき，病院数やベッド数，介護施設，さらには高齢者世帯が居住する公営住宅などの不足が予想される。そして，都市部では土地の余剰も少ないため，新たに施設を建設することが困難なのである。

　東京都新宿区では，2004年3月，『新宿区・地域との協働推進計画』を策定した。この計画によると，「複雑多岐にわたる課題を解決し，暮らしやすい地域社会を築いていくには，行政がもつ「場所・人・情報・資金」などの

限りある資源だけでは困難である」とされ，地域や住民との協力や参加などによってこれら問題を解決していく必要性が強調されている。そして，協働とその社会的背景として，住民と行政に求められる新たな関係，少子高齢社会，社会への参加意識，広がるボランティア・NPO活動，情報公開と情報技術の進展，多様な顔をもつ都市としての新宿をあげている。さらに，協働とその基本目標として，多様で新たな区民ニーズへの対応，区民の参画意識と主体的な区民活動の促進，行政の体質改善をかかげている（図3）。

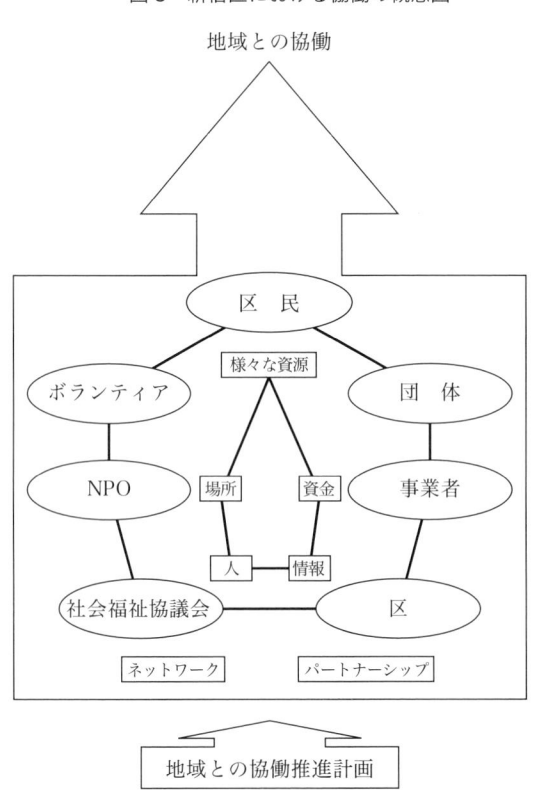

図3　新宿区における協働の概念図

出典：「新宿区・地域との協働推進計画」概要6頁を一部修正。

　この協働事例のなかで，福祉分野のものとしては，「北山伏子育て支援協

働モデル事業」がある。この事業は，2004年3月末で廃止された北山伏保育園の施設を利用し，地域コミュニティで子育てを行っていくというものである。ワークショップは，廃園前の1月から行われ，計9回開催された。7月には，事業案の公開発表会を経て，参加した区民からのアンケートや学識経験者の意見をふまえて，区が評価を行い，10月に事業化された。事業案では，施設の運営は区民が行い，区は施設の提供や活動の実施に関して支援を行うものとされている。このモデル事業は，施設名を「ゆったりーの」として現在でも行われている。また，新宿区では，協働事業制度というNPOと区が協働し，地域課題の効果的・効率的な解決をはかり，区行政への住民参加の促進をはかり，暮らしやすい地域社会を実現することを目的とする制度が，2006年度より実施されている。ここでいうNPOは，特定非営利活動法人とはかぎらず，ボランティア団体や市民団体もふくまれている。さきほどの「ゆったりーの」は，「受身から問題発見・解決型の子育て支援者になるための講座」という事業提案を行い，2007年度の事業として採択された。今後も区民運営型の子育て支援を拡大していくのであれば，子育て支援者を養成し，底辺の拡大をはかる必要があるということが，この講座の目的である（新宿区協働事業提案制度審査会，2006）。

　地域コミュニティの再生
　地域コミュニティが崩壊したといわれて久しい。新川は，コミュニティの再生は，これからの住民生活を考えるうえで不可欠な条件となってきたという。従来のコミュニティの機能が，行政によるサービス提供や資金提供によって維持され，行政の下請けとして各種の地域団体が機能し，社会経済の構造的変化もあって町内会・自治会などの地域団体がしだいにその機能を喪失しつつある。そのため，地域社会を維持するコミュニティ機能は，危機的な状況にある。コミュニティ再生の方向は，地域住民の基本的な生活機能の相互補完にあり，地域住民がいかなるコミュニティ機能の再生を進めるのかを主体的に決定し，自主的にその実現をめざして行動することからはじまる。新川は，コミュニティ機能の発揮にとって重要なものが協働であると指摘する（新川，2005: 27-32）。

町内会や自治会は，行政の下請け機関として批判もされるが，地方によっては機能しているところもある。また，近隣住民も昔からその土地に住んでいる人びとであり，「顔」のみえるコミュニティを構成しているところもある。しかしながら，少子化や若年層が都市部へ職を求めて人口流出し，高齢化が一段と深刻な問題となっているところもある。コミュニティでは，消防団などの組織も存在しているが，高齢化によってその役割を果たせなくなっているところもある。他方，都市部においては，近隣住民とのふれあいはほとんどなく，「地域コミュニティ」というものも，意図的につくりださなければ成立しない状況にある。このように，コミュニティは，都市部であれ，地方であれ，多くの問題をかかえているのである。しかしながら，このコミュニティの再生なくしては，今後の福祉施策のみならず，その他の行政施策を考えることは困難である。したがって，行政やNPOなどとの協働を考えるうえでも，地域コミュニティは重要なアクターであるということができよう。これまで行政が担ってきた「公共」をNPOやボランティア，地域コミュニティも担う，「新しい公共」の構築が求められているのである（山本・雨宮・新川，2002）。

5　おわりに

　日本経済は，長期の経済の低迷を経て回復基調にある。経済の足かせとなっていた不良債権の処理もひとつの区切りを迎え，土地の価格も上昇に転じ，中国やインドなどの新興工業国との競争にさらされながらも，経済の危機的な状況を克服し，ここ数年，安定的な経済成長を遂げている。

　にもかかわらず，国民のあいだに不安感が漂っている。それは，1980年代には存在しなかった，あるいはめだたなかった問題が出現しているからである。不良債権の処理などのために行われた赤字国債の大量発行，それによる財政赤字の増大，企業のリストラとほぼ10年にわたる新卒採用の抑制，それにともなう正規雇用の減少とフリーターの増加，1999年の労働者派遣法改正による多くの業種への派遣労働が認められたことによる非正規雇用の増大，さらに少子高齢化の進展と家族の崩壊など，問題は山積している。

わが国では，国家，企業，家族によって行われてきた日本型の社会保障，社会福祉システムが，こうした現況に対応しきれず，行き詰っている。そして，そのシステムから疎外されている人びとを包摂するという課題が，日本の福祉制度，社会保障制度の再構築として突きつけられている。

　現在，三位一体改革や道州制の議論，バブル期の放漫財政と少子高齢化による財政悪化（夕張市の財政再建団体への転落）など，地方自治，地方自治体に関する問題には事欠かない。日本の社会は，戦後62年をへて，成熟社会となり，多様な価値観を許容する社会となった。こうした社会の要請に，国家や地方自治体の行政がすべて応えるのはきわめてむずかしい。分権化は，中央政府から地方政府への権限や財源の移譲のみならず，行政から民間（営利企業，非営利組織）への分権化も意味している。行政だけではなく，企業，住民，非営利組織が政策課題について協働して解決策を考えていくことが可能な社会こそ，成熟社会である。また，こうしたネットワークによる課題の解決によって，かぎられた資源をより重要な分野に振り分けることも可能になっていく。

　格差社会，地域格差，ワーキング・プアなど，社会の分裂を想起させることばが氾濫している。国民生活の安定は，経済の安定へとつながり，結果として社会の安定にもつながる。したがって，急速に進行している高齢社会を支えていくうえでは，国民の租税負担も避けてはとおることができない。国民負担率を引き上げても，こうした格差解消を行っていかなければならない。また，地域では，コミュニティ・ガバナンスといわれるように，住民を排除するのではなく，包摂することによって，この少子高齢社会のなかでの福祉政策を遂行していかなければならないのである。

引用文献

Adams, Brian E. (2007) *Citizen Lobbyists: Local Efforts to Influence Public Policy,* Philadelphia: Temple University.
Beck, Ulrich (1986) *Riskogesellschaft: Auf den Weg in eine andere Moderne,* Berlin: Suhrkamp.（東廉・伊藤美登里訳（1998）『危険社会──新しい近代への道』法政大学出版局）
Bryant, Toba (2002) "Role of Knowledge in Public Health and Health Promotion Policy Change," *Health Promotion International* 17: 89-98.
Bryce, Herrington J. (2005) *Players in the Public Policy Process: Nonprofits as Social Capital and Agents,* New York and Basingstoke: Palgrave Macmillan.
Carter, Elisabeth, Kurt R. Luther and Thomas Poguntke (2007) "European Integration and Internal Party Dynamics," in Poguntke, Thomas, Nicholas Aylott, Elisabeth Carter, Richard Ladrech and Kurt R. Luther (eds.) *The Europeanization of National Political Parties: Power and Organizational Adaptation,* London and New York: Routledge.
Council of Europe (1993) *Local Referendums,* Council of Europe, Strasbourg.
Driver, Stephen (2004) "North Atlantic Drift: Welfare Reform and the 'Third Way' Politics of New Labour and the New Democrats," in Hale, Sarah, and Luke Martell (eds.) *The Third Way and Beyond: Criticisms, Futures, Alternatives,* Manchester and New York: Manchester University.
European Commission Directorate General Internal Market and Services (2005) "Public Procurement Policy: Explanatory Note –Competitive Dialogue-Classic Directive," in http://ec.europa.eu/
Evers, Adalbert (1990) "Shifts in the Welfare Mix-Introducing a New Approach for the Study of Transformations in Welfare and Social Policy," in Evers, Adalbert, and Helmut Wintersberger (eds.) *Shifts in the Welfare Mix: Their Impact on Work, Social Services and Welfare Policies,* Frankfurt am Main: Campus/Westview.
Feigenbaum, Harvey, Richard Samuels and R. Kent Weaver (1993) "Innovation, Coordination, and Implementation in Energy Policy," in Weaver, R. Kent and Bert A. Rockman (eds.) *Do Institutions Matter? Government Capabilities in the United States and Abroad,* Washington: Brookings Institution.
Festinger, Leon (1957) *A Theory of Cognitive Dissonance,* Evanston: Row, Peterson.
Field, Frank (1996) *Stakeholder Welfare,* London: IEA Health and Welfare Unit.
────── (2000) *The State of Dependency: Welfare under Labour,* London: Social Market Foundation.
────── (2001) *Making Welfare Work: Reconstructing Welfare for the Millennium,* New Brunswick and London: Transaction.
Flora, Peter, and Jens Alber (1984) "Modernization, Democratization, and the Development of Welfare State in Western Europe," in Flora, Peter, and Arnold. J. Heidenheimer (eds.) *The Development of Welfare States in Europe and America,* New Brunswick: Transaction.
Giddens, Anthony (1998) *The Third Way: The Renewal of Social Democracy,* Cambridge: Polity.（佐和隆光訳（1999）『第3の道──効率と公正のあらたな同盟』日本経済新聞社）
Gloe, Marks (2005) „Direkte Demokratie- das Beispiel Schweiz," In: Peter Massig (Hrsg.), *Direkte Demokratie,* Wochenschau.

Hatch, Stephen, and Ian Mocroft (1983) *Components of Welfare,* London: Bedford Square.

Heywood, Paul M., Erik Jones, Martin Rhodes and Ulrich Sedelmeier (2006) "Introduction: Developments in European Politics," in Heywood, Paul M., Erik Jones, Martin Rhodes and Ulrich Sedelmeier (eds.) *Developments in European Politics,* Basingstoke and New York: Palgrave Macmillan.

Higher Education Funding Council for England (HEFCE) (1998) "Value for Money Initiative Report 98/30," in http://www.hefce.ac.uk/

HEFCE (2003) "Public/Private Partnership (PPP) and Private Finance Initiative (PFI) Projects- Our Approach," in http://www.hefce.ac.uk/

Immergut, Ellen M. (1992) "The Rules of the Game: The Logic of Health Policy-Making in France, Switzerland, and Sweden," in Steinmo, Sven, Kathleen Thelen and Frank Longstreth (eds.) *Structuring Politics: Historical Institutionalism in Comparative Analysis,* New York: Cambridge University.

Improvement and Development Agency (IDeA) (2007) "IDeA: Working for Local Government Improvement," in http://www.idea-knowledge.gov.uk/idk/

Johnson, Norman (1987) *The Welfare State in Transition: The Theory and Practice of Welfare Pluralism,* Sussex; Wheatsheaf.（青木郁夫・山本隆訳（1993）『福祉国家のゆくえ――福祉多元主義の諸問題』法律文化社）

―――― (1999) *Mixed Economies of Welfare: A Comparative Perspective,* London: Prentice Hall.（青木郁夫・山本隆監訳（2002）『グローバリゼーションと福祉国家の変容――国際比較の観点』法律文化社）

Kamarck, Elaine C. (2007) *The End of Government…As We Know It: Making Public Policy Work,* Boulder and London: Lynne Rienner.

Kirchgässner, Gebhard; Feld, Lars; Savoiz, Marcel (1999) *Die direkte Demokratie, Modern, erfolgreich, entwicklungs- und exportfähig,* Basel.

Kjellberg, Francesco (1977) "Policies of Redistribution and Equalization-Toward a Conceptual Framework-," mimeo.（白鳥浩訳「福祉政策論――再分配と平等の政策――概念枠組に向けて」静岡大学『法政研究』, 6-3/4）

―――― (1985) "Local Government Reorganization and the Development of the Welfare State," *Journal of Public Policy,* Vol.5, No.2.

Knapp, M., Wistow, G., Forder, J., and Hardy, B. (1994) "Markets for Social Care: Opportunities, Barriers and Implications," in Bartlett, W., Propper, C., Wilson, D. and Le Grand (eds.) *Quasi-Markets in the Welfare State,* Bristol: University of Bristol.

Krosnick, Jon A. (1990) "Government Policy and Citizen Passion: A Study of Issue Politics in Contemporary America," *Political Behavior* 12: 59-92.

Kuhnle, Stein, and Matti Alestalo (2000) "Introduction: Growth, Adjustments and Survival of European Welfare States," in Stein Kuhnle (ed.) *Survival of the European Welfare State,* London: Routledge.

Lavine, Howard, John L. Sullivan, Eugene Borgida and Cynthia J. Thomsen (1996) "The Relationship of National and Personal Issue Salience to Attitude Accessibility on Foreign and Domestic Policy Issues," *Political Psychology* 17: 293-316.

Linder, Wolf (1999) *Schweizerische Demokratie,* Haupt, Bern, Stuttgart, Wien.

―――― (2002)„Direkte Demokratie," In: Klöti, Ulrich, Peter Knoepfel, Hanspeter Kriesi, Wolf Linder, Yannis Papadopoulos (Hrsg.), *Handbuch der Schweizer Politik,* 3. überarbeitete Auflage,

Neue Zürcher Zeitung.

Maruo, Naomi (1986) "The Development of the Welfare Mix in Japan," in Richard Rose and Rei Shiratori (eds.) *The Welfare State East and West,* Oxford: Oxford University. (木島賢・川口洋子訳（1990）『世界の福祉国家〔課題と将来〕』新評論)

Matsuda, Noritada (2007) "Citizens' Governability and Policy Analysts' Roles in the Policy Process: A Theoretical Examination," *Interdisciplinary Information Sciences* 13.

Miller, Joanne M., Jon A. Krosnick and Leandre R. Fabrigar (2003) "The Origins of Issue Salience: Sociotropic Importance for the Nation and Personal Importance to the Citizens?," Paper delivered at the 2003 Annual Meeting of the American Political Science Association.

Möckli, Silvano (1995a) *Direct Democracy: A Device to Remedy Functional Deficiencies of Representative Democracy?,* Institut für Politikwissenschaft Hochschule St.Gallen, Beiträge und Berichte des Instituts für Politikwissenschaft, Nr.235, St.Gallen.

――― (1995b) *Funktionen und Dysfunktionen der direkten Demokratie,* Institut für Politikwissenschaft Hochschule St. Gallen, Beiträge und Berichte des Instituts für Politikwissenschaft, Nr.237, St. Gallen.

Obler, Jeffrey (1979) "The Odd Compartmentalization: Public Opinion, Aggregate Data, and Policy Analysis," *Policy Studies Journal* 7: 524-540.

Office of Government Commerce (OGC) (2006) "Competitive Dialogue Procedure: OGC Guidance on the Competitive Dialogue Procedure in the New Procurement Regulations," in http://www.ogc.gov.uk/

Olson, Mancur (1965) *The Logic of Collective Action: Public Goods and the Theory of Groups,* Cambridge: Harvard University.

Osborne, David, and Ted Gaebler (1992) *Reinventing Government: How the Entrepreneurial Spirit Is Transforming the Public Sector,* New York: Penguin Books. (野村隆監修，高地高司訳（1995）『行政革命』日本能率協会マネジメントセンター)

Peck, Jamie (2001) *Workfare States,* New York and London: Guilford.

Pierre, Jon, and B. Guy Peters (2000) *Governance, Politics and the State,* New York: St. Martin's.

Poguntke, Thomas, and Paul Webb (2007) *The Presidentialization of Politics: A Comparative Study of Modern Democracies,* Oxford: Oxford University.

Rhodes, R. A. W. (1997) *Understanding Governance: Policy Networks, Governance, Reflexivity and Accountability,* Buckingham: Open University.

Roberts, Michael L., Peggy A. Hite and Cassie F. Bradley (1994) "Understanding Attitudes toward Progressive Taxation," *Public Opinion Quarterly* 58: 165-190.

Rokkan, Stein (1975) "Dimensions of State Formation and Nation-Building: A Possible Paradigm for Research on Variations within Europe," in Tilly, Charles (ed.) *The Formation of Nation States in Western Europe,* Princeton: Princeton University.

Rose, Richard, and Rei Shiratori (eds.) (1986) *The Welfare State East and West,* Oxford: Oxford University. (木島賢・川口洋子訳（1990）『世界の福祉国家〔課題と将来〕』新評論)

Salamon, Lester M. (1995) *Partners in Public Service: Government-Nonprofit Relations in the Modern Welfare State,* Baltimore: Johns Hopkins University.

Shepsle, Kenneth A. and Mark S. Bonchek (1997) *Analyzing Politics: Rationality, Behaviors, and Institutions,* New York: W.W. Norton.

Stoker, Gerry (1996) "Redefining Local Democracy," in Pratchett, Lawrence, and David Wilson (eds.) *Local Democracy and Local Government,* New York: St. Martin's.

Stoker, Gerry (1999) "Introduction: The Unintended Costs and Benefits of New Management Reform for British Local Government," in Stoker, Gerry (ed.) *The New Management of British Local Governance,* Basingstoke and London: Macmillan.

Stoker Gerry, and Tony Travers (2001) *A New Account?: Choices in Local Government Finance,* York: York Publishing Services.

Stoker, Gerry (2004a) Transforming *Local Governance: From Thatcherism to New Labour,* Basingstoke and New York: Palgrave Macmillan.

――――― (2004b) "New Localism, Progressive Politics and Democracy," in Gamble, Andrew, and Tony Wright (eds.) *Restating the State?,* Malden and Oxford: Blackwell.

――――― (2006) *Why Politics Matters: Making Democracy Work,* Basingstoke and New York: Palgrave Macmillan.

Weaver, R.Kent and Bert A. Rockman (1993) *Do Institutions Matter? Government Capabilities in the United States and Abroad,* Washington: Brookings Institution.

Webster, Frank (1995) *Theories of the Information Society,* London and New York: Routledge.（田畑暁生訳（2001）『「情報社会」を読む』青土社）

Wolfenden Committee (1978) *The Future of Voluntary Organizations,* London: Croom Helm.

Yamamoto, Hiraku (2007) "Multi-level Governance and Public Private Partnership: Theoretical Basis of Public Management," *Interdisciplinary Information Sciences,* 13-1, Graduate School of Information Sciences, Tohoku University.

秋吉貴雄（2003）「政策形成におけるふたつの知識のあり方に関する考察」『熊本大学社会文化研究』, 1: 17-30.

――――― （2004）「参加型政策形成システムをどのように構築するか？――一般国道 9 号玉湯改良事業における PI プロセスを事例として」『熊本大学社会文化研究』, 2: 83-97.

吾郷貴紀（2006）「ゲーム理論による市民参加の分析」、原田寛明監修『地域政策と市民参加――「市民参加」への多面的アプローチ』ぎょうせい.

足立幸男（1994）『公共政策学入門――民主主義と政策』有斐閣.

アダルバート・エヴァース（的場信樹訳）（1999）「混合福祉供給システムにおける第 3 セクターの社会サービス――去りゆく過去と不確実な未来の間」、川口清史・富沢賢治編『福祉社会と非営利・協同セクター――ヨーロッパの挑戦と日本の課題』日本経済評論社.

阿部斉（1973）『デモクラシーの論理』中央公論社.

伊賀市（2006）『伊賀市の住民自治について』.

稲継裕昭（2006）「独立行政法人の創設とその成果」『年報行政研究』（日本行政学会）, 41.

井堀利宏・土居丈朗（1998）『日本政治の経済分析』木鐸社.

今里滋（1995）「情報の保護と公開」『講座行政学』有斐閣.

岩崎美紀子（2006）「行財政改革と市民社会」『地方自治』（地方自治制度研究会）, 701.

大江守之・岡部光明・梅垣理郎（2006）『総合政策学――問題発見・解決の方法と実践』慶應義塾大学出版会.

大沢真理（2005）「逆機能に陥った日本型生活保障システム」東京大学社会科学研究所編『失われた 10 年』を超えて［I］――経済危機の教訓』東京大学出版会.

大杉洋（2003）「日本における住民投票の実例」森田朗・村上順編『住民投票が拓く自治』公人社.

岡本三彦（2005）『現代スイスの都市と自治』早稲田大学出版部.

奥田喜道（2004）「スイスにおける直接民主制の限界」『早稲田大学大学院法研論集』，110.
川崎市住民投票条例検討委員会（2006）『住民投票制度の創設に向けた検討報告書』．
北沢栄（2005）「静かなる暴走——独立行政法人」『世界』736，岩波書店．
木場隆夫（2003）『知識社会のゆくえ』日本経済評論社．
北場勉（2005）『戦後「措置制度」の成立と変容』法律文化社．
木下英敏（1999）「住民投票をめぐる問題点とその可能性」『地方自治』（1999.11）．
玉瀧地域まちづくり協議会広報部会（2007）『広報玉瀧地域まちづくり協議会だより』，6（2007.2）．
行政改革会議事務局OB会編（1998）『21世紀の日本の行政——内閣機能の強化，中央省庁の再編，行政の減量・効率化』行政管理研究センター．
小松丈晃（2003）『リスク論のルーマン』勁草書房．
上越市企画・地域振興部企画政策課（2007）『上越市における都市内分権及び住民自治に関する調査研究報告書』（2007.1）．
住民投票立法フォーラム（2006）「住民投票の10年——総括と提言のための市民会議［討議資料］」．
白鳥令編（2000）『福祉国家の再検討』新評論．
新宿区協働事業提案制度審査会（2006）『平成18年度新宿区協働事業提案審査報告書』．
新川敏光・井戸正伸・宮本太郎・真柄秀子（2004）『比較政治経済学』有斐閣．
新藤宗幸・武智秀之（1992）「福祉国家における政府間関係」社会保障研究所編『福祉国家の政府間関係』東京大学出版会．
杉並区（2006）「スマートすぎなみ計画——第3次行財政改革実施プラン（平成17～19年度）平成19年度修正」, in http://www2.city.suginami.tokyo.jp/library/file/sg_gyz_pln17-19_a.pdf/
総務省編（2007）『情報通信白書 平成19年度版』ぎょうせい．
高崎正有・渡辺真砂世（2000）「独立行政法人における業績評価」『SRIC Report』（三和総合研究所），5-2.
多賀谷一照（1998）「独立行政法人論と行政制度」『季刊行政管理研究』（行政管理研究センター），82.
武川正吾（1999）『福祉社会の社会政策——続・福祉国家と市民社会』法律文化社．
―――（2000）「福祉国家と福祉社会の協働」社会政策研究編集委員会編『社会政策研究のフロンティア』東信堂．
武智秀之（2002）「自治体間競争と格付け・認証」松下圭一・西尾勝・新藤宗幸編『自治体の構想4: 機構』岩波書店．
―――（2004）「公共空間とガバナンス」武智秀之編『都市政府とガバナンス』中央大学出版部．
谷下雅義（2001）「社会資本整備の計画策定手続における市民参加」『土木学会論文集』（日本土木学会），681: 37-49.
田村悦一（2006）『住民参加の法的課題』有斐閣．
富田佐太郎（2006）「提案型公共サービス民営化制度「新しい公共」の形成に向けた我孫子の試み」『地方自治職員研修』（公職研），549.
中川幾郎・辻上浩司（2007）「進化する伊賀市の住民自治協議会」『市政研究』（大阪市政調査会），154.
中邨章（2004）「行政，行政学と「ガバナンス」の三形態」『年報行政研究』（日本行政学会），39: 2-25.

長島正己（2004）「独立行政法人の自律性と組織ガバナンス（2）──独立行政法人制度と理論的背景」『PHP 政策研究レポート』in http://research.php.co.jp/seisaku/report/04-81.pdf/
名和田是彦（1998）『コミュニティの法理論』創文社．
─────（2004）「ドイツの都市内分権制度と日本の地域自治組織の展望」『みらい』（いわき未来づくりセンター），5．
新川達郎（2000）「独立行政法人制度の意義と課題」，田中一昭・岡田彰編『中央省庁改革──橋本行革が目指した「この国のかたち」』日本評論社．
─────（2004）「パートナーシップの失敗──ガバナンス論の展開可能性」『年報行政学』（日本行政学会），39: 26-47.
─────（2005）「地方自治体再編とコミュニティ再生」財団法人東北開発研究センター監修，山田晴義・新川達郎編『コミュニティ再生と地方自治体再編』ぎょうせい．
西山慶司（2003）「政府部内における「エージェンシー化」と統制の制度設計──日英比較による NPM の理論と実際」『公共政策研究』（日本公共政策学会），3．
─────（2004a）「独立行政法人制度と特殊法人等改革に関する研究──理念と政策上の課題」『季刊政策分析』（政策分析ネットワーク），1-1．
─────（2004b）「独立行政法人制度における評価の機能──中期目標期間終了時の見直しの意義とその課題」『季刊行政管理研究』（行政管理研究センター），108．
原田久（2003）「NPM 改革と政府システム──国際比較の観点から」，武智秀之編『福祉国家のガヴァナンス』ミネルヴァ書房．
原田尚彦（1996）「住民投票と地方自治」『都市問題』（東京市政調査会），87-1．
日高昭夫（2004）「市町村政府のガバナンス──「協働型行政経営」の前提条件の検討を中心に」，武智秀之編『都市政府とガバナンス』中央大学出版部．
平川秀幸・城山英明・神里達博・中島貴子・藤田由紀子（2005）「日本の食品安全行政改革と食品安全委員会」『科学』，75-1．
藤田宙靖（1999）「国立大学と独立行政法人制度」『ジュリスト』（有斐閣），1156．
古川俊一（2001）「独立行政法人の制度設計」『公共政策研究』（日本公共政策学会），新装創刊号．
松田憲忠（2006a）「イシュー・セイリアンスと政策変化──ゲーム理論的パースペクティブの有用性」『年報政治学』（日本政治学会），2005-II: 105-126.
─────（2006b）「政策過程における政策分析者──知識活用とガバナンス」『年報行政研究』（日本行政学会），41: 193-204.
丸尾直美（1984）『日本型福祉社会』NHK 出版．
─────（1996）『市場志向の福祉改革』日本経済評論社．
箕浦龍一（2006）「独立行政法人制度創設と法人見直し」，田中一昭『行政改革〈新版〉』ぎょうせい．
宮川公男・山本清（2002）『パブリック・ガバナンス──改革と戦略』日本経済評論社．
宮脇淳・梶川幹夫（2001）『「独立行政法人」とは何か──新たな公会計制度の構築』PHP 研究所．
村松岐夫（2003）「独立行政法人評価とは何か」『学術の動向』（日本学術協力財団），8．
山岸俊男（2000）『社会的ジレンマ──「環境破壊」から「いじめ」まで』PHP 研究所．
山本啓・雨宮孝子・新川達郎編（2002）『NPO と法・行政』ミネルヴァ書房．
山本啓（2004a）「公共サービスとコミュニティ・ガバナンス」，武智秀之編『都市政府とガバナンス』中央大学出版部．

――――（2004b)「コミュニティ・ガバナンスと NPO」『年報行政研究』(日本行政学会),39: 48-6.
――――（2004c)「これからの地域自治,住民自治の課題」『地方自治研修　臨時増刊号――改革と自治のゆくえ』(公職研), 37-510.
――――（2006)「コミュニタリアニズムと市民社会・国家――シティズンシップとガバナンス」『法学新報』(中央大学法学会), 112-7/8.
山谷清志（2005)「外部評価委員会による評価の評価――総務省政策評価・独法評価委員会を例に」『第6回全国大会発表要旨集録』日本評価学会.
横倉節夫（2005)「公民の協働と協治の創出――新しい自治体へ向けて」,横倉節夫・自治体問題研究所編『公民の協働とその政策課題』自治体研究社.
W. T. A まちづくりセンター（2006)『「住民自治のまちづくり」塾報告書』(三重県伊賀県民局協働研究事業)(2006.2).

編 者

山本 啓（やまもと ひらく）
　　山梨学院大学法学部・教授，法政大学大学院政策科学研究科・客員教授，東北大学・名誉教授（政治学・公共政策論），第1章分担

執筆者（執筆順）

松田 憲忠（まつだ のりただ）
　　北九州市立大学法学部・准教授（行政学），第2章分担

岡本 三彦（おかもと みつひこ）
　　東海大学政治経済学部・准教授（行政学），第3章分担

南島 和久（なじま かずひさ）
　　神戸学院大学法学部・准教授（行政学），第4章分担

西山 慶司（にしやま けいじ）
　　法政大学大学院政治学研究科・非常勤講師（行政学），第5章分担

坂口 正治（さかぐち まさはる）
　　(株)日本能率協会コンサルティング構造改革推進セクター　行政経営指導員，チーフ・コンサルタント（公共政策論），第6章分担

藤本 吉則（ふじもと よしのり）
　　ふくしま自治研修センター・教授（公共政策論），第7章分担

堀田 学（ほった まなぶ）
　　山形県立米沢女子短期大学・非常勤講師（行政学），第8章分担

ローカル・ガバメントとローカル・ガバナンス

2008年2月22日　　初版第1刷発行
2010年4月1日　　　第2刷発行

編　者　山本　啓
発行所　財団法人 法政大学出版局
　　　　〒102-0073 東京都千代田区九段北3-2-7
　　　　電話 03 (5214) 5540　振替 00160-6-95814
組版：(株)アベル社　印刷：(株)平文社　製本：根本製本(株)
© 2008 Hiraku Yamamoto et al.
Printed in Japan

ISBN 978-4-588-62518-3

グローバル市民社会論　戦争へのひとつの回答
M. カルドー／山本武彦・他訳 ……………………………………………… 2800円

グローバル化か帝国か
J. ネーデルフェーン・ピーテルス／原田太津男・尹春志訳 ……………… 3500円

グローバル化シンドローム
J. H. ミッテルマン／田口富久治・中谷義和・他訳 ………………………… 4700円

ハイエクのポリティカル・エコノミー
S. フリートウッド／佐々木憲介・西部忠・原伸子訳 ……………………… 4500円

パイプラインの政治経済学
塩原俊彦著 …………………………………………………………………… 4500円

可能性の政治経済学　ハーシュマン研究序説
矢野修一著 …………………………………………………………………… 4800円

経済の大転換と経済学　金子勝氏の問題提起をめぐって
川上忠雄編 …………………………………………………………………… 2700円

貿易・貨幣・権力　国際経済学批判
田淵太一著 …………………………………………………………………… 2800円

他者の権利　外国人・居留民・市民
S. ベンハビブ／向山恭一訳 ………………………………………………… 2600円

現代日本官僚制の成立　戦後占領期における行政制度の再編成
岡田彰著 ……………………………………………………………………… 5000円

世論調査と政党支持
松本正生著 …………………………………………………………………… 11800円

日本の行政監察・監査
白智立著 ……………………………………………………………………… 5700円

政策づくりの基本と実践
岡本義行編 …………………………………………………………………… 3000円

越境する都市とガバナンス
似田貝香門・矢澤澄子・吉原直樹編著 …………………………………… 3300円

事実の都市
五十嵐敬喜＋美しい都市をつくる研究会 ………………………………… 3300円

＊表示価格は税別です＊